W0045467

Thomas Frings

Selig sind die Suchenden

Gewidmet den Gottessucherinnen
im Benediktinerinnenkloster Köln-Raderberg
und den Gottessuchern in der Benediktinerabtei
St. Willibrord in Doetinchem (NL)

Thomas Frings

Selig sind die Suchenden

benno

Alle Bibeltexte:
Einheitsübersetzung der Heiligen Schrift, vollständig durchgesehene und
überarbeitete Ausgabe © 2016 Katholische Bibelanstalt GmbH, Stuttgart
Alle Rechte vorbehalten

Bibliografische Information der Deutschen Nationalbibliothek
Die Deutsche Nationalbibliothek verzeichnet diese
Publikation in der Deutschen Nationalbibliografie;
detaillierte bibliografische Daten sind im Internet unter
http://dnb.d-nb.de abrufbar.

Besuchen Sie uns im Internet:
www.st-benno.de

Gern informieren wir Sie unverbindlich und aktuell
auch in unserem Newsletter zum Verlagsprogramm,
zu Neuerscheinungen und Aktionen.
Einfach anmelden unter www.st-benno.de

ISBN 978-3-7462-5613-9

© St. Benno Verlag GmbH, Leipzig
Umschlaggestaltung: Rungwerth Design, Düsseldorf
Umschlagabbildung: © Stefan Sättele
Gesamtherstellung: Kontext, Dresden (A)

Wer sucht, der findet

Unser Leben besteht aus einer langen Reihe von Alltagen, die wiederum gefüllt sind mit lauter kleinen Alltäglichkeiten. Eine Kunst ist es, in genau dem Beiläufigen und den kleinen Dingen das Besondere zu entdecken. Man kann auf die großen Momente des Lebens warten, auf das Überraschende, darauf, dass das Unerwartete endlich geschieht. Man kann aber auch eine Aufmerksamkeit für die kleinen Momente des ... Lebens entwickeln, von denen es viel mehr gibt, von denen das Leben voll ist.

Es gibt einfach viel mehr Alltage in unserem Leben als Sonn- oder Feiertage. Die Farbe des Alltags ist, wenn der Volksmund recht hat, nun einmal das Grau. Es ist aber nicht verboten, diesem Grau den einen oder anderen Farbklecks beizumischen. Der Alltag wird dadurch noch immer nicht zu einem Festtag, aber er wird farbiger.

Wenn Sie Gott in den Texten dieses Buches suchen, dann können Sie ihn eigentlich ganz leicht finden. Was Sie selten finden, ist das Wort „Gott" selber. Auch wenn man Gott nicht direkt finden kann, so kann man ihn sehr wohl entdecken. Es gibt Situationen und Umstände, in denen sich die Brücke zu seiner verborgenen Gegenwart im Leben ganz leicht schlagen lässt. Dafür muss man übrigens nicht in eine Kirche oder einen Gottesdienst gehen. Es kann richtig Freude machen, Gott abseits dieser Orte, im Alltag, im Unerwarteten, im Nächsten, zu suchen und zu finden.

Die kurzen Texte, hier gesammelt in einem Buch, sind ursprünglich einzeln erschienen. Verfasst wurden sie über bald zwanzig Jahre als wöchentliche Kolumne für die Menschen der Gemeinden, in denen ich Pfarrer war. Daher werden Örtlichkeiten und Personen genannt, die man nicht kennt. Das macht jedoch nichts, da es weder um die Personen noch um die Orte geht, sondern um das beschriebene Geschehen, und das kann jeder für seine Situation umdeuten.

Zeitlich geht es dabei nicht chronologisch geordnet zu. Die meisten der Texte sind während meiner Zeit als Pfarrer in Münster entstanden, andere in der Zeit, als ich das Pfarramt niedergelegt hatte, und die aktuellsten stammen aus der Zeit, seitdem ich im Kloster der Benediktinerinnen in Köln-Raderberg lebe. Die jeweiligen Umstände merkt man den Texten durchaus an.

Die geschilderten Begebenheiten sind beiläufige, manchmal traurige, oft erfreuliche, kleine Erlebnisse in und vor der Kirche, immer jedoch aus dem Leben. Fromm waren diese Kolumnen selten, eher alltäglich, so wie das Leben meist ist. Mit Gottesdienst und Glaubensweitergabe hatten sie wenig zu tun, wie sonst so oft in der Kirche üblich, und doch wollen sie lebensdienlich sein, wie es ein guter Gottesdienst sein kann. Theologie oder Religion waren nicht die Quelle, aus der sie sich speisten, und doch wollen sie unaufdringlich die Brücke schlagen zwischen dem Leben der Menschen und Gott.

Viel Freude beim Lesen, beim Suchen und Finden,

Thomas Frings

Inhalt

Selig sind die Suchenden, denn sie werden es nicht alleine tun

Selber Suchender sein

Beim Kreuzviertelfest, einem der beliebtesten Stadtteilfeste von Münster, standen in der Heilig Kreuz Kirche 1001 Kerzen. 1000 Kerzen haben wir aufgestellt an Wänden und Wegen, auf Altären und Absätzen. Die 1001ste Kerze war das ewige Licht vor dem Tabernakel. Während des ganzen Festes kamen viele Menschen in die Kirche. Das Schöne war, dass sie sich nicht nur den Raum im Schein der Kerzen ansahen, sondern dass sich fast alle hinsetzten. Paare hielten Händchen, lehnten die Köpfe aneinander, gaben sich einen Kuss. Man konnte merken, dass die Menschen sich hier wohl fühlten. Draußen steppte der Bär mit Musik, Tanz, Essen und Trinken etc. – drinnen war es meditativ, besinnlich und ruhiger, aber beides ging gut zusammen. Das Beste aber war, dass die Menschen, die in der Kirche gewesen waren, die anderen reinschickten. Und genau so stelle ich mir unsere Gottesdienste vor! Wer da war, muss eigentlich so wieder rausgehen, dass er draußen davon erzählt und andere Menschen schickt nach der Devise: „Wenn du da nicht warst, dann hast du was verpasst!"

Damit es dazu kommt, müssen alle mitwirken: zuverlässige Messdiener, gute Orgelbegleitung, geschulte Lektoren, geistliche Zelebranten, lebensnahe Prediger/innen – aber auch mitsingende Gläubige, Menschen, die die Akklamationen froh beantworten, sich aufmerksam wahrnehmen, mitdenken, reden, handeln. Man darf das Gewohnte bei uns finden – aber gnade uns Gott, wenn die Suchenden nicht mehr bei uns suchen – und der beste Beitrag, den wir dazu liefern können, ist, dass wir selber Suchende bleiben!

„... denn du, Herr, hast keinen, der dich sucht, je verlassen." Psalm 9,11

Veränderung heißt, dass es anders wird

Der Ruf, dass sich etwas in der Kirche ändern muss, den kennen wir zur Genüge. Gedacht wird dabei meist an große und wichtige kirchenpolitische Themen wie etwa die Ökumene, den Zölibat, die Stellung der Frauen in der Kirche. An diesen großen Themen können wir vor Ort eigentlich kaum was ändern. Aber manchmal ändert sich etwas vor Ort. So auch in der Weihnachtszeit in unserer Kirche. Der Pfarrgemeinderat (PGR) hat mehrheitlich entschieden, eine Idee einmalig in unserer Kirche umzusetzen: Wir laden alle Familien und Kinder ein, mit ihren Playmobilsachen an der Stelle der traditionellen Krippe eine kleine Welt aufzubauen, in die dann am Heiligen Abend eine dazu passende Playmobilkrippe gestellt wird. Sinn und Absicht mag sich manchem unmittelbar erschließen, wird aber auch Thema der Weihnachtspredigt sein. Die Diskussion im PGR war lang und intensiv. In zwei Sitzungen wurde darüber ausgiebig diskutiert und es war zu erahnen, welche Diskussionen uns in der Kirche bevorstehen, sollte es einmal an wichtige Themen gehen. Unabhängig davon, ob man Playmobil mag oder nicht, gab es später, als die Idee bekannt wurde, nicht wenige Menschen, die sich eine andere als die traditionelle Krippe auch nicht einmalig vorstellen wollten. Klar, es muss sich etwas ändern in der Kirche, aber bitte nur, wenn gleichzeitig alles so bleibt, wie es war. In solchen Momenten wird mir deutlich, wie schwer wir uns als Gemeinschaft mit Veränderungen jedweder Art tun. Das fängt ganz, ganz, ganz klein mit einer einmaligen anderen Krippe an und endet bei den Themen, die am Anfang dieses Textes stehen.

„Und gleicht euch nicht dieser Welt an, sondern lasst euch verwandeln durch die Erneuerung des Denkens, damit ihr prüfen und erkennen könnt, was der Wille Gottes ist."
Römer 12,2

Das Leben kommt immer von vorn

Wir sind Zeugen einer andauernden Erosion von gewohnter Kirchlichkeit. Solange ich lebe, kenne ich nur die jährlichen Nachrichten, dass die Zahl der Christen, katholisch wie evangelisch, durch Austritte und Demografie abnimmt, ebenso wie die Zahl der Gottesdienstbesucher am Sonntag. Solange ich Priester bin, kenne ich die Versuche, sich mit einem wehmütigen Blick über die Schulter mit aller Kraft gegen diesen Trend zu stemmen. Doch das Leben kommt immer von vorn!

Ich selber liebe Traditionen und Riten, doch habe ich nicht selten den Eindruck, dass wir uns auf allen Ebenen der Kirche, von den Bischöfen über die Seelsorger/innen bis zu den Pfarreiräten, zu sehr auf das „Früher" konzentrieren und uns zu wenig trauen, uns dem „Heute" wirklich zu stellen. Gelingen kann dies nur mit auch schmerzhaften Abschieden – davor haben wir Angst – und dem Sich-Zuwenden einer noch unbekannten Zukunft – davor haben wir auch Angst, denn das Unbekannte schreckt viele Menschen. „Nehmt Neuland unter den Pflug! Es ist Zeit, den Herrn zu suchen" (Hosea 10,12). „Mir ist eine ‚verbeulte' Kirche, die verletzt und beschmutzt ist, weil sie auf die Straßen hinausgegangen ist, lieber als eine Kirche, die aufgrund ihrer Verschlossenheit und ihrer Bequemlichkeit, sich an die eigenen Sicherheiten zu klammern, krank ist." (Papst Franziskus) Hört sich alles toll an, was der Prophet und der Papst da sagen, aber versuchen Sie das mal umzusetzen! Was da richtig helfen kann, ist, wenn wir in unsere geschlossenen Zirkel und Kreise mal Menschen einladen, die nichts mit uns zu tun haben. Wenn diese uns sagen, wie sie uns sehen und was sie von uns (nicht) erwarten, dann kann uns das die Augen öffnen. Propheten sind gut, aber manchmal hilft auch eine wahrscheinlich nicht schmerzfreie Sicht von außen.

„Gott, der Herr über den Geist der Propheten, hat seinen Engel gesandt, um seinen Knechten zu zeigen, was bald geschehen muss." Offenbarung 22,6

Geht doch!

Sie kennen vielleicht die umgangssprachliche Bezeichnung „der einfache Laie", mit der in der Kirche die Menschen bezeichnet werden, die das Kirchenvolk bilden, bzw. im Krankenhaus die Patienten, denen im Gegensatz zum Personal das Fachwissen fehlt. Letzteres hat zwar die Kenntnisse, aber die Symptome und Schmerzen haben eben doch die Patienten. Ähnlich ist es oft in der Kirche: Die Symptome und Schmerzen bei Fragen der Moral oder der Ökumene haben oft die Gemeindemitglieder, die Ahnung haben aber anscheinend nur die Theologen/innen. Wie lautet eigentlich das Pendant zu „einfacher Laie"? Ist das ein „komplizierter Fachmann"? Manchmal kann man schon den Eindruck bekommen, dass dies das Pendant ist. Da gibt es Regeln, Vorschriften und Traditionen in unserer Kirche, die kann man „einfach" nicht mehr verstehen und die „komplizierte" Erklärung des Fachpersonals genauso wenig. Unser Papst Franziskus gehört einem Orden an, der die Abkürzung SJ (Societas Jesu = Gemeinschaft Jesu) hat. Diese wird in Deutschland gerne übersetzt mit „Schlaue Jungs", was ein Hinweis auf die ausgewiesene Intelligenz dieser Ordensmitglieder sein soll. Mein Eindruck ist, dass wir da einen im besten Sinne „einfachen Fachmann" als Chef haben, den die „einfachen Laien" gut verstehen können. Na bitte – geht doch!

„Als sie den Freimut des Petrus und des Johannes sahen und merkten, dass es ungebildete und einfache Leute (Laien) waren, wunderten sie sich." Apostelgeschichte 4,13

Wenn „Verirrte" finden

Nach einem Gottesdienst stehe ich manchmal am Hauptausgang der Kirche und wünsche den Gottesdienstbesuchern noch persönlich einen schönen Sonntag. Manch kleines Gespräch ergibt sich daraus. Ein älterer Herr kam dabei einmal auf mich zu und sagte, er komme aus Düsseldorf, habe eine Freundin hier im Stadtteil, habe die Glocken gehört, sei ihnen in die Kirche gefolgt und im Gottesdienst geblieben. Eigentlich sei er auf dem Weg in die Sauna gewesen und dabei zeigte er mir seine Badesachen. Es habe ihm aber so gut gefallen, dass er seiner Freundin davon erzählen müsse und sie sicher zusammen wiederkommen würden. Wenn unsere gemeinsame Feier von Tod und Auferstehung Jesu hin und wieder eine solche Ausstrahlung für den ein oder anderen Menschen hat, der sich vielleicht nur „zufällig" in die Kirche „verirrt" hat, dann ... – Beenden Sie den Satz doch bitte selber. Und sollten Sie sonntags in die Kirche gehen, dann setzen Sie doch das davon um, was in Ihren Möglichkeiten liegt.

„Als wir am ersten Tag der Woche versammelt waren, um das Brot zu brechen ..." Apostelgeschichte 20,7

Wähle deine Wege

Das Kloster der Benediktinerinnen in Köln-Raderberg unterscheidet sich von zahlreichen anderen Klöstern in Deutschland dadurch, dass es Nachwuchs hat. Frauen unterschiedlichen Alters klopfen an und bitten um Aufnahme. Aber es sind nicht nur Frauen unterschiedlichen Alters, sondern auch sehr unterschiedliche Persönlichkeiten. Im letzten Jahr legte z.B. Schwester T. ihre zeitliche Profess ab, d.h. sie gibt ein Versprechen zunächst einmal für drei Jahre. Schwester T. hat eine Ausbildung zur Friseurin gemacht und als sie um Aufnahme bat, konnte man ihr die Freude am Beruf buchstäblich am Kopf ablesen. Sie hatte einen Sidecut, das heißt auf der einen Seite waren ihre Haare drei Millimeter kurz und auf der anderen Seite waren sie halblang und dann auch noch gefärbt. Ich versetze mich gerade einmal in die Schwester, mit der sie das erste Gespräch geführt hat, und überlege, was ihr wohl unter der Haube durch den Kopf ging. Aber nicht nur das wüsste ich gerne, sondern auch, was einen Menschen bewegt, zieht, antreibt, drängt, was einer Frau fehlt und was sie vermisst, dass sie, die sich so sehr auch über ihre Frisur äußert, den Schleier nimmt – und zwar einen Schleier, der kein Haar mehr sehen lässt. Ich weiß es nicht! Aber ich war auch nie Friseur und hatte nie den

Mut zu solch einer Frisur. Das „Warum" von Schwester T. muss ich allerdings auch nicht wissen. Viel wichtiger ist es, dass jeder Mensch die Antwort geben kann auf die Frage, warum er seinen Weg gewählt hat, warum er auf diesem Weg ist und wohin ihn dieser führen soll.

„Der Ruhm der Jungen ist ihre Kraft, die Zier der Alten ihr graues Haar." Buch der Sprichwörter 20,29

Wüstentag

In Albachten gibt es ein schönes und großes Pfarrhaus. Daher befinden sich in dem Haus neben der Wohnung des Pastors noch das Pfarrbüro, das Büro der Pastoralassistentin, ein Archivraum und ein Appartement, das an einen Studenten vermietet ist. Zwei Zimmer fungieren als Gästezimmer und eines wurde jetzt zum Meditationsraum gemacht. Diese Räume befinden sich alle im ersten Stock des Hauses, weshalb es dort, trotz eines regen Besucherverkehrs, relativ ruhig ist (kein Telefon, kein Radio, kein Fernseher). Nicht wenige Menschen suchen nach Orten der Ruhe, wenigstens für einen oder einige Tage. Seit dem Herbst des letzten Jahres mach ich einmal im Monat einen solchen „Wüstentag" in der Abtei Gerleve, denn in meinem Pfarrhaus kann ich so etwas schlecht machen. Aber für jeden anderen Menschen steht dieses Angebot im Pfarrhaus von Albachten zur Verfügung; einen Tag von morgens bis abends oder mehrere Tage ganz in Stille oder mit seelsorglichem Gespräch, ob katholisch, evangelisch oder was auch immer oder nicht, ob aus Albachten oder von sonst woher ...

„Ich werde sie in die Wüste gehen lassen und ihr zu Herzen reden." Hosea 2,16

Offene Tür, offenes Herz

Wenige Wochen vor den Sommerferien haben wir in unserer Kirche mit vielen Menschen die Sequenz für das Dorfvideo gedreht, mit der sich unsere Gemeinde den Neubürgern vorstellen wird. Ein junges Mädchen, ich schätze sie mal auf 17 Jahre, war dabei als Kabelhilfe des Kameramannes. Nach dem Dreh, der allen anscheinend viel Freude gemacht hat, waren wir drei noch auf dem Dachboden der Kirche, um von dort einige Luftaufnahmen zu machen. Dort sagte mir dann die junge Frau: „Ich könnte eigentlich mal öfter hier zur Kirche kommen. Dabei bin ich noch nicht einmal getauft." In diesem Moment machte mein Herz einen richtigen Sprung, denn ich fühlte, dass wir als Gemeinde genau das ausgedrückt haben, was wir mit unserer kurzen Videoaufnahme vermitteln wollen: Offenheit und Einladung an die, die uns erleben!
Dank all denen, die dies mit ihrem Glauben versuchen, damals in der Kirche und immer wieder in der Familie, am Arbeitsplatz, in der Nachbarschaft, in Vereinen und Gruppen.

„Ich kenne deine Taten, siehe ich habe vor dir eine Tür geöffnet." Offenbarung 3,8

Auf der Suche nach Antworten

Per Mail, per SMS oder auch als Telefonat kommen immer wieder Anfragen bei mir an, Anfragen von Schülerinnen und Schülern, die sich mit Fragen aus dem Religionsunterricht an mich wenden. Die Fragen haben einen unterschiedlichen Schwierigkeitsgrad, je nachdem für welche Altersstufe sie gestellt werden. Was mich freut, ist ein Doppeltes: Da gibt es Kinder, die sich trauen, ihren Pastor einfach anzusprechen, wenn sie etwas wissen wollen – und es gibt Kinder, die ihrem Pastor eine Antwort zutrauen. Es handelt sich um ein doppeltes Trauen. Wenn in dieser Zeit in unserer Gemeinde der Glaubenskurs für die Erstkommunionvorbereitung anläuft, dann hoffe und bete ich, dass die Katechetenrunde und ich die richtigen Antworten finden auf die Fragen der Kinder. Die Antworten sollen kindlich, aber nicht kindisch sein, denn in letzterem Falle verlieren wir alle unsere Glaubwürdigkeit bei den Kindern, wenn sie älter sind. So sind wir auf der Suche nach den richtigen Antworten auf die Fragen anderer und die eigenen.

„Seid stets bereit, jedem Rede und Antwort zu stehen, der von euch Rechenschaft fordert über die Hoffnung, die euch erfüllt ..." 1 Petrus 3,15

Selig sind die Zweifelnden, denn sie werden aufmerksam leben

Entfernt auch Zweifel

Wenn der Glaube es mit etwas zu tun hat, dann ist es der Zweifel, und der lässt sich nun einmal nicht beseitigen, zumindest nicht, solange wir auf Erden leben. Glaube, Hoffnung und Liebe sind christliche Tugenden, von denen es zwei nach unserem Tode nicht mehr geben wird. Die Hoffnung wird zur Erfüllung – hoffentlich! Der Glaube wird zur Gewissheit – hoffentlich! Nur die Liebe bleibt, weil Gott selbst die Liebe ist. Aber wäre es nicht schön, wenn sich die Zweifel schon jetzt beseitigen ließen, egal welcher Art sie sind? Auf diesen Wunsch ist die Technik eingegangen und hat ein Gerät entwickelt, das Zweifel beseitigt, so unglaublich das auch klingen mag. Ich möchte jetzt für dieses Gerät keine Werbung machen, aber kann sagen, dass es sich dabei um eine elektrische Zahnbürste handelt, für die geworben wird mit dem Slogan: „Entfernt nicht nur Plaque, sondern auch Zweifel!" Das ist doch immerhin schon mal ein Anfang! Sollte man sich die Zähne putzen, kann man morgens und abends und bei gründlichen Menschen auch mittags zumindest einige Zweifel entfernen. Tja, und für die verbleibenden Zweifel empfehle ich die Hoffnung und die

Liebe. Sie entfernen den Zweifel zwar nicht, aber sind hervorragende Mittel zum (Über)Leben. Das gilt übrigens auch für die Atheisten, denn die glauben ja auch nur, dass es keinen Gott gibt, und müssen mit dem Zweifel an ihrem Glauben leben.

„Warum lasst ihr in eurem Herzen Zweifel aufkommen?"
Lukas 24,38

Weihnachten feiern, ohne zu glauben

Bei einer Gesprächs- und Diskussionsrunde ging es um Glaubenszweifel, und eine Dame sagte: „Wenn mich Nichtglaubende nach meinem Glauben fragen, dann komme ich oft an Grenzen und kann nicht gut argumentieren. Dann stehen die mit ihrer Meinung meist besser da als ich." Wer kennt diese Situation nicht? Der große Theologe Karl Rahner (1904–84) hat dieses Gefühl in seiner wunderbaren Sprache so ausgedrückt: „die Unbegreiflichkeit Gottes ein Leben lang aushalten." Und genau dies tun wir auch den Menschen gegenüber, die angesichts der „Unbegreiflichkeit Gottes" zu einer anderen Antwort kommen als wir. In unserer Gesprächsrunde sind wir in diesem Zusammenhang noch zu einer anderen Überlegung gekommen. Was, wenn wir diejenigen fragen, die unseren Glauben auf die Probe stellen, ob sie Weihnachten denn eine Krippe aufstellen und was sie da feiern, wenn sie doch gar nicht daran glauben? Dann stehen wir doch lieber vor einer Krippe mit unserem auch brüchigen Glauben und all seinen Zweifeln, als dass wir diese Geschichte von vor 2000 Jahren in unserer Wohnung aufbauen mit der Sicherheit, dass sie nicht stimmt. Weihnachten feiern, ohne daran zu glauben, ist schließlich auch fragwürdig!

„Glaube aber ist: Grundlage dessen, was man erhofft, ein Zutagetreten von Tatsachen, die man nicht sieht."
Hebräer 11,1

Deine Überzeugung ist gefragt

Ein junges Paar wandte sich in einer Mail an das Seelsorgeteam. Gerade Eltern geworden, standen sie vor der Frage, ob ihr Kind getauft werden solle oder nicht. Der Mutter sei eine Taufe sehr wichtig, der Vater bekannte offen, dass er nicht an einen Gott glauben könne. Im Gespräch stellte sich heraus, dass eigentlich nicht die Taufe das Problem war, sondern dass sie es bei einer Taufe erlebt hatten, wie die Eltern gemeinschaftlich gefragt wurden: „Was erbitten Sie für Ihr Kind?" (Antwort: „Die Taufe."), und: „Erklären Sie sich bereit, Ihr Kind im Glauben zu erziehen?" (Antwort: „Ja."). Der nichtglaubende Vater hatte eigentlich gar keinen Einwand gegen die Taufe seines Kindes, sondern er wollte nur nicht vereinnahmt werden für etwas, wovon er nicht überzeugt war. Ist das nicht großartig? Da haben zwei Menschen eine eigene, nicht übereinstimmende Überzeugung und stehen dafür ein, voreinander, vor ihrem Kind und in der Öffentlichkeit. Der Vater war dankbar, dass er keineswegs automatisch in die Taufe seines Kindes integriert wird, wohl aber herzlich willkommen ist. Schön, wenn die Taufe nicht nur eine liebgewordene Tradition ist, bei der man sagt, was „man eben da so sagt", sondern wenn sie zur Feier des eigenen Bekenntnisses wird. Zu Beginn der Taufe wurde genau darauf hingewiesen und erklärt, warum die entscheidenden Fragen nur an die Mutter gerichtet werden. In den Blicken der Anwesenden sah man förmlich den Respekt vor diesen Eltern, und vielleicht hat sich mancher auch gefragt, wie er sich denn verhalten hat oder verhalten würde.

„Darum geht und macht alle Völker zu meinen Jüngern; tauft sie auf den Namen des Vaters und des Sohnes und des Heiligen Geistes und lehrt sie, alles zu befolgen, was ich euch geboten habe." Matthäus 28,19–20

Muss ich da wirklich gewesen sein?

Haben Sie auch Bekannte und Freunde, die Ihnen sagen: „Das Buch musst du gelesen haben! – Da musst du gewesen sein! – In dem Lokal musst du mal gegessen haben!"? Das Wort „muss" übt Druck aus und der verbindet sich schnell mit der Befürchtung, etwas Wichtiges nicht mitbekommen zu haben. Druck und Angst sind gute

Geschäftsgrundlagen und so ist daraus längst eine Geschäftsidee geworden. Inzwischen füllen Ratgeber ganze Bücherregale und immer heißt es: „100 Orte, an denen man gewesen sein muss – in NRW, in Deutschland, in Europa, in Asien". Es gibt sogar schon die Spezialisierung auf „100 Orte, an denen jedes Paar einmal gewesen sein sollte". Für Orte kann man auch Bücher, Restaurants und Musikstücke einsetzen usw. Ich habe mir angewöhnt, auf solche Sätze die Frage zu erwidern: „Kann mein Leben sonst nicht gelingen?" Niemand hat diese Frage mit einem Ja beantwortet, sehr zu meiner Erleichterung. Und dann hilft auch immer noch der Satz von Astrid Lindgren: „Wie soll die Zeit nur reichen, alle Bücher zu lesen, alle Musik zu hören, alle Orte in der Welt zu sehen. Und dann muss man ja auch Zeit haben, einfach dazusitzen und vor sich hinzuschauen!"

„Kommt mit an einen einsamen Ort, wo wir allein sind ..."
Markus 6,31

Wie gewohnt weitermachen?

Vor einigen Wochen habe ich mir einen kleinen Koffer gekauft. Heutzutage muss man nicht mehr erwähnen, dass dieser über vier Rollen und einen ausziehbaren Griff verfügt. An meinen ersten Koffer mit Rollen kann ich mich noch erinnern. Das große Teil hatte zwei Rollen und ließ sich mit einem ausklappbaren Griff ziehen. Allerdings musste man dabei noch immer in gebückter Haltung laufen. Anfang der 70er Jahre kam Bernard Sadow, ein Kofferfabrikant aus den USA, auf die Idee, Rollen unter einen Koffer zu machen. Bis dahin haben Millionen Menschen Koffer nur getragen oder geschleppt. Warum ist eigentlich niemand vorher auf diese simple Idee gekommen? Drei Jahre bevor es Koffer mit Rollen gab, landete der erste Mensch auf dem Mond! Wir Menschen kommen anscheinend nicht so leicht auf naheliegende Lösungen. Wir gewöhnen uns lieber an das, was wir kennen, und können uns nur schwer etwas anderes vorstellen. Man muss ja nicht gleich das Rad erfinden, es war schon ausreichend, das erfundene Rad und den vorhandenen Koffer zusammenzubringen, um das Leben zu erleichtern. Eigentlich ganz leicht, wenn man es sieht, aber es muss doch erst einmal einer darauf kommen.

Wenn ich meinen Koffer jetzt rolle, dann denke ich daran und an das Beharrungsvermögen von uns Menschen, das Gewohnte einfach weiterzumachen – und dann denke ich an meine Kirche, wie schwer die sich tut, etwas zu ändern – doch wenn die Rollen unterm Koffer erst nach der Mondlandung erfunden wurden, dann gebe ich die Hoffnung für uns auch noch nicht auf.

„Kommt alle zu mir, die ihr mühselig und beladen seid!"
Matthäus 11,28

Traditionen auf dem Prüfstand

In diesen Tagen führe ich zahlreiche Traugespräche. Nachdem die Formalien geklärt sind, geht es um die Gestaltung der Feier. Da eine Feier immer mit dem Anfang beginnt, ergibt sich nicht selten – sogar meistens – gleich am Anfang ein Problem, so auch in der vergangenen Woche, in der ein Gespräch am Weltfrauentag stattfand. Die Braut, Mitte dreißig, wollte gerne von ihrem Vater dem Bräutigam zugeführt werden. Auch diesmal war das Erstaunen groß, als auf die Bedeutung dieser Tradition hingewiesen wurde, die man aus dem Fernsehen kennt und die da so schön aussieht. Man kann das Ding drehen und wenden wie man will, es symbolisiert eine patriarchalische Gesellschaft, die Abhängigkeit der Frau vom Mann. Ich zerstöre ungern Illusionen, kann die Bedeutung in diesem Falle aber auch nicht auf dem Altar der Emotionen einfach opfern. Der Vorschlag, ob der Mann nicht auch von seiner Mutter zum Altar geführt werden soll, wurde noch nie akzeptiert, weder von Söhnen noch Müttern, weder von Bräuten noch Vätern, Gleichberechtigung hin oder her. Auch der Vorschlag, dass beide Eltern die Kinder zum Altar geleiten, findet keine Akzeptanz. Es kann und darf nur eine Frau „übergeben" werden und zwar aus der Hand eines Mannes in die eines anderen, und gleichzeitig soll das verstanden werden als ein Zeichen der Unabhängigkeit der Frau. Ich kann mich nicht des Eindrucks erwehren, dass man mir Schwarz als Weiß verkaufen will, und befinde mich darüber hinaus sogar in einer Zwickmühle. Mache ich mit, dann tradiere ich ein Frauenbild, das der Kirche mit Recht um die Ohren gehauen wird – lehne ich ab, dann tradiere ich ein Bild von Kirche, die immer Vorschriften macht. Und dann darf ich nicht vergessen, dass ich dieses Gespräch als Mann führe, der mit einer Frau über ihr Selbstverständnis diskutiert. Inzwischen stelle ich mir mein Gegenüber immer mit einer Burka vor, unter der und mit der das Selbstbestimmungsrecht der Frauen verteidigt wird. Bei anderen Kulturen fällt manchmal etwas negativ auf, an das man sich in der eigenen gewöhnt hat und es sogar positiv sieht. Es gibt allenthalben viel zu bedenken und zu verändern!

„Gott erschuf den Menschen als sein Bild; als Bild Gottes schuf er ihn. Als Mann und Frau schuf er sie." Genesis 1,27

Vom Verständnis der Zeichen

In diesen Tagen gibt ein von mir sehr geschätzter Mitbruder und Freund sein Priesteramt auf. Als Student hat er in meiner Pfarrhaus-WG gelebt und später noch einmal während einer Auszeit für einige Monate. Er ist Priester des Erzbistums Hamburg und noch keine fünfzig Jahre alt. Zeitgleich lassen sich noch zwei Priester der Diözesen Hildesheim und Limburg mit Anfang 40 beurlauben. Keiner begründet seinen Schritt mit einer Beziehung, die er jetzt öffentlich leben möchte, aber alle geben die Lebensform des Zölibates als Begründung für ihren Schritt an, in der sie nicht dauerhaft weiterleben möchten. Damit bekommt die Diskussion um diese Lebensform noch einmal eine besondere Wendung. Bislang haben Priester ihren Dienst meist aufgegeben, um dann zu heiraten. Jetzt gehen verhältnismäßig junge Mitbrüder schon, bevor sie eine Partnerschaft eingegangen sind. Das wirft noch einmal ein anderes Licht auf eine Situation, die ohnehin aktuell wieder heftig in der Diskussion steht. Bei allem, was an Gutem und Richtigem über den Zölibat gesagt worden ist, wie klingt das in den Ohren der Menschen, die sich das Sakrament der Ehe gespendet haben? Über viele Jahre war in meiner Nachbargemeinde ein verheirateter Familienvater als katholischer Priester tätig. Er gehörte zur griechisch-katholischen Kirche, ist aber inzwischen Priester der römisch-katholischen Kirche geworden. Wie fühlt er sich, wenn er hört, warum der Zölibat notwendig und unaufgebbar ist, und er anschließend an den Altar tritt und die Messe feiert?

„Deshalb soll der Bischof untadelig, Mann einer einzigen Frau sein ..." 1 Timotheus 3,2

Selig sind die Geduldigen, denn ihre Mühe wird belohnt werden

Zwischen Kommerz und Tradition

Zum 50. Geburtstag wird man in Essen-Werden gefragt, ob man schon den Abraham gesehen habe. Selbigen bekommt man dann in Form eines Teegebäcks aus einer ansässigen Konditorei geschenkt. Dieser Brauch geht zurück auf das Johannes-Evangelium. In einer Diskussion mit den Juden sagte Jesus: „Euer Vater Abraham jubelte, weil er meinen Tag sehen sollte. Er sah ihn und freute sich." (Johannes 8,56) Daraufhin entgegneten ihm die Juden: „Du bist noch keine fünfzig Jahre alt und willst Abraham gesehen haben?" (Johannes 8,57) Der Umkehrschluss in Werden besagt also, wer 50 Jahre alt wird, könnte den Abraham gesehen haben und gewinnt mächtig an Weisheit. Das finde ich eine schöne Tradition. Nicht nur Kinder freuen sich über einen Stutenkerl am Martinstag, der im Rheinland natürlich Weckmann heißt und auf schmackhafte Weise eine christliche Botschaft vermittelt. Man sollte den Bäckereien im Lande die Idee des Abraham einmal im besten Sinne „schmackhaft" machen. Damit lässt sich doch sicher Geld verdienen UND biblisches Wissen vermitteln UND Freude bereiten.

„Besser ein Mensch, der seine Torheit verbirgt, als ein Mensch, der seine Weisheit verbirgt." Jesus Sirach 20,31

Die Spuren des Lebens

Als ich jung war, betrachtete ich manch altes Buch oder Gewand bei Priestern mit der Frage, ob da nicht mal ein Neuerwerb fällig sei. Diesen Gedanken habe ich immer noch, jetzt aber betrachte ich die Sache von der anderen Seite. Mein Buch für die Krankensalbung ist inzwischen 32 Jahre alt und das kann man ihm auch durchaus ansehen. Besonders die oft benutzten Seiten erscheinen schon allein dadurch sehr gebraucht, da diese Seiten mit den vom Krankenöl fettigen Fingern umgeblättert werden. Inzwischen ist mir dieses Buch aber sehr lieb geworden und es verbinden sich zahllose Erinnerungen an Menschen mit körperlichen Gebrechen damit. Ein neues Buch wäre sicher drin, aber jetzt möchte ich kein anderes mehr. Das geht mir auch mit anderen Gegenständen im Haushalt so; da fehlt eine Ecke, hier gibt es einen Riss oder dort eine Macke. Aber das ist nicht so schlimm, denn mit der Ecke, dem Riss und der Macke verbindet sich inzwischen eine Geschichte und die ist mehr wert als der schöne äußere Schein.

„Das gläubige Gebet wird den Kranken retten und der Herr wird ihn aufrichten." Jakobus 5,15

Was die Stunde schlägt

Wenn man durch die Innenstadt von Münster oder anderen Städten geht, dann kann einem zur vollen Stunde etwas auffallen: Die Turmuhren der Kirchen schlagen alle exakt zur selben Sekunde die Stunden an. Die Erklärung dafür ist leicht: Die Uhren werden per Funk gesteuert. Mein Vater, 86 Jahre alt, zeigte mir beim letzten Besuch voller Stolz seine neue Uhr. Diese sei funkgesteuert und gehe auf die Sekunde genau. Spontan antwortete ich ihm, dass das auch wichtig für einen Menschen mit 86 Jahren sei, der keine Termine mehr habe. Die Bemerkung hat er mir nicht übel genommen, denn er weiß, dass er zwar keine Termine mehr habe, aber immer noch ein Pünktlichkeitsfanatiker ist. Vielleicht ist das ja etwas typisch Deutsches, und ich muss sagen, ich bin auch manchmal etwas „typisch" und lege Wert auf Pünktlichkeit. Mir fällt in diesem Zusammenhang eine Episode aus den Filmen Don Camillo und Peppone ein. Es entbrannte ein Streit, welche Uhr richtig gehe – die am kommunistischen Rathaus oder die an der Kirche. Erst, als das ganze Dorf durcheinander geraten ist, einigen sie sich. In Afrika habe ich gelernt, was BMT heißt (black men time). Damit ist ein Toleranzspielraum von zwei Stunden bei einer Verabredung gemeint. Da bin ich doch lieber und sehr gerne deutsch. Entscheidend ist aber doch, dass wir den Begegnungen zwischen den Stunden, Minuten und Sekunden mehr Aufmerksamkeit schenken als der Pünktlichkeit. Die Besuche seiner Kinder sind die wenigen Termine, die unser Vater noch hat, und wenn wir wieder in

31

unserem Zuhause angekommen sind, dann melden wir uns immer noch brav zurück, denn dann können die Eltern beruhigt schlafen.

„Für jedes Geschehen unter dem Himmel gibt es eine bestimmte Zeit." Kohelet 3,1

Wirklich alle 11 Minuten?

Für Singles, die an diesem Status etwas ändern möchten, gibt es einen großen Markt. Eine Agentur wirbt seit Jahren mit der Schlagzeile: „Alle 11 Minuten verliebt sich ein Single über ...." Diesen Satz werden viele Menschen kennen, und wer ihn kennt, der ergänzt den Namen der Agentur automatisch. Das spricht für den Erfolg der Werbekampagne. Wenn ich ein Plakat der Kampagne sehe, dann gehen mir stets zwei Gedanken durch den Kopf. Bei den dargestellten Frauen und Männern handelt es sich ausschließlich um Menschen zwischen 30 und 40 Jahren – und die sehen alle so aus, dass ich niemals glaube, dass das Singles sind. Das mag noch angehen, denn Aussehen entscheidet keineswegs alleine über den Erfolg bei der Partnersuche. Auch der Begleitsatz: „Alle 11 Minuten ..." wird wohl der Wahrheit entsprechen. Doch gerade er ist letztlich irreführend, denn was hilft es dem Single, wenn sie/er sich verliebt, aber diese Liebe nicht erwidert wird? Interessant wäre die Information, in wie viel Minuten sich zwei Singles bei der Partnerbörse ineinander verlieben. Ob es noch bei Minuten bliebe? Hilfreicher wäre diese Info sicherlich, aber Realität verkauft sich auf dem Markt der Hoffnung nun einmal nur sehr schlecht. Ich wünsche allen Singles, dass sie sich verlieben, und ich wünsche ihnen noch mehr, dass sie einen Menschen finden, der diese Liebe erwidert, denn: Gibt es etwas Schöneres?

„Jakob hatte Rahel lieb …" Genesis 29,18

Ein besonderer Freund

In meiner letzten Pfarrstelle habe ich einen besonderen Freund gefunden, einen, der sich von allen meinen Freunden unterscheidet. Er meldete sich via Mail, nachdem er einen Pfarrbrief bekommen hatte. Er schrieb sehr freundlich und ich bot ihm an, ihn zu besuchen. Auf dieses Angebot reagierte er etwas reserviert und begründete dies damit, dass er sich mit sozialen Kontakten manchmal schwer tue und sehr zurückhaltend sei. Ich solle es versuchen, aber es könne sein, dass er die Tür nicht aufmache. Wir verabredeten ein Klingelzeichen und ich probierte es in den kommenden Tagen. Leider machte er nicht auf, aber ich war ja vorbereitet. Also probierte ich es noch einmal und diesmal klappte es.
Wie kann ich ihn beschreiben? Rein äußerlich ist er genau die Erscheinung, welche die deutsche Sprache auch für seinen Lebensweg kennt: Er ist ein schwerer Junge!

Mit Sicherheit ist er der stärkste Mensch, den ich kenne. Leider hatte er diese Stärke zu oft nicht im Griff und da das Leben ihm von Kindesbeinen an schwere Schläge zugefügt hat, schlug er später ebenso heftig zurück. Viele, sehr viele Jahre verbrachte er deswegen hinter schwedischen Gardinen. Inzwischen ist er über zwanzig Jahre ohne einen Rückfall in Freiheit und wird in diesen Tagen sechzig Jahre alt. Da er um seine Kraft und sein Verhalten weiß, hält er sich von den meisten Menschen einfach fern und verlässt seine Wohnung nur selten – auch weil nach der verbüßten Strafe andere Menschen mit ihm und seiner Geschichte nicht gut umgehen können. Was ich an ihm bewundere, ist, wie reflektiert er mit seiner Lebensgeschichte umgeht. Im Scherz bietet er mir dann schon mal seine Hilfe an als Bodyguard. Es würde aber etwas Besonderes fehlen, wenn nicht auch seine künstlerischen Fähigkeiten erwähnt würden. Er spielt nicht nur Gitarre, sondern manchmal greift er auch zu Stift und Papier. Dann textet und komponiert er ein Lied. Na gut, manche Zeile ist schon mal etwas schlüpfrig, aber dass er selber nicht mehr hingefallen ist, das bewundere ich an ihm.

"... ich war im Gefängnis und ihr seid zu mir gekommen."
Matthäus 25,36

Gut behütet

Am Neujahrsabend zelebrierte ich eine Messe in der Sakramentskapelle von Herz-Jesu. Wir waren eine sehr überschaubare Gruppe von gerade einmal 24 Personen inklusive Küster, Organistin, Lektorin und Priester. Außergewöhnlich war jedoch, dass ich zur älteren Hälfte der Gottesdienstbesucher gehörte, was mich angenehm überraschte. Vorn saß eine Mutter mit ihrem zehnjährigen Sohn, der seine Mütze nicht abgenommen hatte. Auch wenn ich den Altersdurchschnitt in unseren Messen im Normalfall senke, gehöre ich schon lange nicht mehr zur jungen Generation. Ich bin sogar schon so alt, dass mir noch auffällt, wenn männliche Kirchenbesucher ihre Kopfbedeckung in der Kirche nicht abnehmen. Dass nur Männer ihre Kopfbedeckung beim Betreten einer Kirche abnehmen, hat keine religiöse, sondern eine kulturelle Begründung, grüßten sich früher doch nur Männer durch das „Ziehen" des Hutes. Dennoch habe ich den Jungen nicht gebeten, seine Mütze abzunehmen, denn zunächst einmal habe ich mich gefreut, dass er da war. Dies war die erste Begegnung und ich wollte nicht, dass sie mit einem Korrekturhinweis in Erinnerung bleibt. Und selbst wenn ich Traditionen rund um Gotteshäuser schätze und praktiziere, wie z.B. das Tragen der Kippa in der Synagoge, das Ausziehen der Schuhe in Moscheen und das Ziehen des Hutes in der Kirche, es sind eben doch Randerscheinungen. Da ich in einer Predigt Kinder immer miteinbeziehe, hoffe ich nur, dass der kurze Dialog mit dem Jungen ihn nicht nachhaltig verschreckt hat. Es ging um

Wünsche und Vorsätze fürs neue Jahr. Mützen in Kirchen kamen nicht vor, weder bei ihm noch bei mir.

„Gott und Herr, meine Kraft und meine Rettung, du hast mein Haupt beschirmt am Tag des Kampfes." Psalm 140,8

Der lange Weg in die Stille

Einmal im Monat übernachte ich nicht im Pfarrhau. Ich fahre ins Kloster Gerleve und nehme mir dort ein Gästezimmer. Für einige Stunden nehme ich als Gast am klösterlichen Leben teil und habe Anteil an der Stille und Ausstrahlung dieses Ortes. Ein richtiger „Wüstentag" ist es aber noch nicht, denn ich meine, ich müsste noch einiges mitnehmen, das ich dann dort abarbeiten kann. Mir ist schon klar, dass diese Stunden auch in innerer Stille verbracht auf die Dauer „gewinnbringender" wären. Aber von der Einsicht bis zur Umsetzung ist es ein weiter, weiter Weg. Was mir fehlt, ist jemand, der meine Sachen kontrollieren würde, bevor ich das Haus verlasse und in die Stille fahre. Vielleicht kontrollieren Sie mich ja mal, indem Sie hin und wieder fragen, ob ich schon Fortschritte mache auf dem Weg in die Stille. In manchem bleiben wir uns wohl ein Leben lang treu: Ich z.B. war und bin ein schlechter Schüler. Nur eins habe ich gelernt: Ich versuche es dennoch!

„Schweigt vor mir, damit ich reden kann." Ijob 13,13

Selig sind, die Kerzen entzünden, denn sie werden dabei an andere denken

Der Sonntag im Alltag

Wenn auswärtige Menschen am Wochenende in eine unserer Messen kommen, dann gibt es nicht selten die Reaktion: „Haben Sie aber eine gut gefüllte Kirche! Und auch so viele jüngere Menschen sind dabei." Ja, der Eindruck ist in der Tat so oder so ähnlich. Nachdem wir die Dreifaltigkeitskirche (die zweite der ehemals drei Pfarrkirchen) geschlossen hatten, beschloss der Pfarrgemeinderat, in der verbliebenen Pfarrkirche nicht nur am Wochenende, sondern wenn möglich an jedem Tag der Woche eine heilige Messe zu feiern. Da sind die Besucherzahlen natürlich gering und deswegen möchte ich diese Gottesdienste hier einmal ausdrücklich zum Thema machen. Sind Sie schon einmal auf die Idee gekommen, an einem Werktag eine Messe zu besuchen? Die dauert im Normalfall 30 bis 35 Minuten. Genauso lange wie man wahrscheinlich braucht, um etwas zur Ruhe zu kommen. Wir tun dies in unserer wunderschönen Pfarrkirche in der Werktagskapelle um neun Uhr am Dienstag und Donnerstag, um 18 Uhr am Montag und Freitag sowie um 20 Uhr am Mittwoch. Nehmen Sie dies doch einfach mal als einen Hinweis, einen Wink, ein Angebot, eine Einladung, darüber nachzudenken, ob so ein „Termin" in der Woche nicht ein guter Moment der Stille und der Besinnung in der Hektik des Alltags sein kann. Die Uhrzeiten sind bewusst so gewählt, dass ältere und berufstätige Menschen eine Möglichkeit finden können zu kommen.

„Am siebten Tag vollendete Gott das Werk, das er gemacht hatte, und er ruhte am siebten Tag." Genesis 2,2

Ins Gebet nehmen

Ein älteres Ehepaar kam zur Osternachtsfeier in unsere Kirche. Obwohl sie frühzeitig kamen, gab es nur noch wenige Plätze und darüber vergaßen sie, sich Osterkerzen vom Eingang mitzunehmen. Beim Weitergeben des Feuers durch die Reihen stellte eine jüngere Dame dies fest und gab dem Paar ihre Kerze. Am Ende der langen Feier wollten sie die Kerze zurückgeben, aber die Dame meinte, sie sollten sie ruhig mit nach Hause nehmen. Darauf das Paar zu ihr: „Dann schließen wir Sie zum Dank heute am Abend in unsere Gebete mit ein." Die junge Dame blieb daraufhin stehen, schaute sie an und sagte mit großem Ernst: „Das finde ich richtig schön – Danke!" Alles in allem nur eine Kleinigkeit von Geben und Nehmen, aber solche Kleinigkeiten machen unser Leben schöner und reicher, so wie die Prise Salz dem ganzen Essen seinen Geschmack verleiht. Und warum nicht einfach mal sich bedanken mit dem Hinweis, für den anderen zu beten? Wer von uns könnte darauf wirklich verzichten?

„Du erhörst das Bittgebet." Psalm 65,3

Erhellende Begegnung

Folgende Begebenheit erzählte mir eine Dame aus unserer Gemeinde: „An Weiberfastnacht war ich in unserer Kirche. Ich wollte eine Kerze anmachen, aber es brannten keine anderen Kerzen und Streichhölzer hatte ich nicht. Ich hatte also keine Möglichkeit, eine Kerze zu entzünden. Also ging ich raus, traf eine junge Frau und fragte sie, ob sie wohl Feuer habe, damit ich eine Kerze anmachen könne. ‚Aber sicher', war die Antwort, ‚schauen Sie doch mal, was ich bin!' Und was sah ich beim zweiten Hinsehen? Die junge Frau war als Engel verkleidet. So gingen wir zusammen in die Kirche und entzündeten einige Kerzen. Ist das nicht eine schöne Geschichte zum Thema Karneval, Kirche und Kerzen?"
Was mich an der Geschichte besonders gefreut hat, war der Umstand, dass die Dame mangels Feuer nicht auf das Anmachen der Kerze verzichtet hat. Ich bin mir sicher, dass ich nicht draußen nach Feuer gefragt hätte.

„Dein Wort ist meinem Fuß eine Leuchte, ein Licht für meine Pfade." Psalm 119,105

Schein und Sein

Am 16. März jährt sich ein für unsere Kirche besonderes Ereignis. Clemens August Kardinal Graf von Galen zelebrierte sein einziges Amt als Kardinal in der Heilig-Kreuz-Kirche, die aufgrund der Kriegszerstörungen des Domes als Kathedrale des Bistums herhalten durfte. Das war im Jahr 1946. Die Bilder jener Messe hängen im Durchgang zwischen Kirche und Sakristei. Wenn man diese und andere Bilder jener Tage betrachtet, dann muten sie an wie Relikte aus einer fernen Zeit. Kirchliche Prachtentfaltung inmitten von Ruinen sowie einer seelisch und moralisch zersetzten Gesellschaft. Heute ist alles wieder aufgebaut und eine nur noch rudimentäre kirchliche „Prachtentfaltung" wird inzwischen allenthalben eher mit Kopfschütteln und Unverständnis registriert. Umgekehrt wird gerade manches Zeichen von Papst Franziskus aufmerksam wahrgenommen. Seine Schuhe, das einfache Kreuz, der kleine Wagen, er trägt seine Tasche selber. Was gestern noch richtig war, kann heute falsch sein, und wer weiß, vielleicht übermorgen schon wieder gewollt. Unabhängig davon bleibt das richtig, was Clemens August damals getan hat: die heilige Messe feiern und in ihr den Tod und die Auferstehung Jesu verkünden.

„Der Mensch bleibt nicht in seiner Pracht; er gleicht dem Vieh, das verstummt." Psalm 49,13

Im Schatten der Kirche

Wer beim Zugehen auf unsere Kirche genauer hinsieht, der entdeckt auf manchen Pflastersteinen Namen. Es sind die Namen der Menschen, die in Münster an AIDS gestorben sind. Nahe des Haupteingangs fand ich den eines ehemaligen Studienkollegen. Er war ein dermaßen konservativer Katholik, dass seine Kommilitonen selbst im Priesterseminar oft nur den Kopf schütteln konnten. Ihn zeichnete aber auch seine große Lebensfreude aus. Immer wieder kreuzten sich unsere Wege, auch nachdem er das Priesterseminar verlassen hatte. Wir trafen uns an Wallfahrtsorten oder in Gottesdiensten. Mit seiner Krankheit und wie er sie bekommen hatte, ging er offen um. Jetzt kreuzen sich unsere Wege sogar bald täglich, denn ich lese seinen Namen, sooft ich an den Steinen vorbeikomme. Ihn wird es freuen, nahe bei einer katholischen Kirche verzeichnet zu sein und zu wissen, dass ich auch seiner und der anderen Menschen, die dort verzeichnet sind, bei der heiligen Messe gedenke. Es gibt nichts, das wir auf dem Weg in die Kirche nicht dort mit ins Gebet nehmen können.

„Auch ich bin ein sterblicher Mensch wie alle anderen …"
Weisheit 7,1

Ich glaube an Gott und an Kerzen

Eine der ältesten Damen aus unserer Gemeinde mit weit über 90 Jahren traf ich beim Einkauf. Wir blieben stehen und sie sagte mir: „Ach, Herr Pastor, unsere Kirche ist ja so schön! Ich kann da gar nicht dran vorbeigehen, ich muss da einfach immer reingehen!" Da kann ich der Dame nur beipflichten. Ich finde unsere Kirche auch schön, muss aber gestehen, dass ich nicht jedes Mal hineingehe, wenn ich vorbeikomme. Die Schönheit eines Kirchenraumes ist vielleicht inzwischen für mehr Menschen ein Kriterium, diesen zu betreten, als es die religiöse Überzeugung ist. Auch deswegen ist es wichtig, unsere Räume offen zu halten und schön zu gestalten. Einige gut platzierte Lichteffekte und Blumen tragen dazu bei, und viele Menschen zünden gerne aus unterschiedlichen Gründen eine Kerze an. Eine kleine Bemerkung dazu: Die Umstellung von Teelichtern auf richtige Kerzen erhöhte den Kerzenverbrauch um ca. 25 Prozent. Und wenn man fragt, warum das so ist, dann verweise ich auf die Bemerkung der alten Dame: „Es ist einfach schön(er)!" Es gibt jedoch auch einen ganz praktischen Grund, warum der Kerzenverbrauch höher wird. Richtige Kerzen lassen sich einfacher aneinander entzünden als Teelichter. Darüber hinaus geben sie ein schöneres Licht und die unterschiedlich lang abbrennenden Kerzen wirken lebendiger als die auf einer Höhe abbrennenden Teelichter. Klar, die sind praktischer zu entsorgen und brennen sauberer ab, aber genau so sieht es dann auch aus in der Kirche: praktisch und sauber – aber eben auch nicht so schön.

„Du willst mir ein Haus bauen, damit ich darin wohne?"
2 Samuel 7,5

Gott als Lehrmeister

Man soll ja nicht alles auf sich beziehen, aber manchmal habe ich den Eindruck, dass Gott sich einen kleinen Spaß erlaubt, nur um mich gedanklich in meine Schranken zu weisen. Ich fuhr in der Mittagszeit eines Werktages mit dem Rad in die Stadt. Dabei kam ich auch an einer Gaststätte vorbei, in der um diese Zeit schon einige Menschen beim Kölsch saßen. Ich weiß nicht, wie es Ihnen dabei ergeht, aber ich ertappe mich in solchen Momenten bei nicht immer nur besten Gedanken über meine Mitmenschen. Im selben Augenblick trat eine Frau aus der Gaststätte auf die Straße, schloss die Tür hinter sich, bekreuzigte sich und betete, denn ... es war zwölf Uhr und von den Kirchtürmen läuteten die Glocken zum Engel des Herrn. Was hatte ich gerade noch über Menschen in Kneipen an Vormittagen gedacht, und dann sehe ich das! Wenn ich die Glocken höre, dann bete auch ich still dieses Gebet, jedoch ohne mich vorher zu bekreuzigen. Jetzt komme ich auf die Einleitung zurück: Manchmal habe ich den Eindruck, dass Gott mich in Situationen geraten lässt, nur um mich zu demütigen. Und ich muss Ihnen sagen: Es gelingt ihm immer wieder. Allerdings mache ich es ihm hin und wieder auch leicht. Er liebt jeden Menschen und lehrt uns ganz sanft, die Menschen zu mögen – alle!

„Er will, dass alle Menschen gerettet werden und zur Erkenntnis der Wahrheit gelangen." 1 Timotheus 2,4

Gut versteckt

Ein Mitbruder berichtete von einem Ausflug, den er in eine sehr schöne Stadt mit einer großen und bedeutenden Kirche gemacht hatte. Warum ich den Namen der Stadt nicht nenne, wird im Weiteren deutlich. Er spazierte durch die Stadt und sah sich natürlich auch die Kirche an. Als er am späteren Nachmittag diese wieder verlassen wollte, waren alle Türen abgeschlossen. Was nun? Er machte sich also auf die Suche nach Hilfe und steuerte dafür die Sakristei an in der Hoffnung, dort auf jemanden mit Schlüsselgewalt zu treffen. Seine Hoffnung wurde nicht enttäuscht. Es war noch eine Ordensschwester tätig, die alles für den nächsten Gottesdienst vorbereitete. Diese war natürlich sehr überrascht, einen fremden Herrn vor sich zu haben, und fragte ihn, wie er denn hineingekommen sei? Er klärte sie auf und stellte die Gegenfrage, wie er denn vielmehr herauskomme? Daraufhin sah er sich mit der nächsten Frage konfrontiert, wo er denn gewesen sei? Bevor sie abgeschlossen habe, hätte sie überall nachgeschaut und niemanden gesehen. Der Mitbruder musste also irgendwo gewesen sein, wo die Sakristanin niemanden vermutete. Was meinen Sie, wo er war und die Ordensschwester es nicht für nötig hielt nachzusehen, da dort anscheinend ohnehin niemand sich aufhält? Er war in der Sakramentskapelle und hatte dort gebetet. Viele hundert, ja tausend Menschen kommen an manchen Tagen in diese Kirche, doch die meisten nur zur Besichtigung.

PS: Keine Ortsangabe, damit kein schlechtes Licht auf die Ordensfrau fällt.

„Du aber, wenn du betest, geh in deine Kammer, schließ die Tür zu ..." Matthäus 6,6

Ein Zeichen der Hoffnung

Am Karfreitag in der Liturgie um 15 Uhr wird des Leidens unseres Herrn Jesus Christus gedacht. Beim Verlesen der Passion wird die Osterkerze von einem Messdiener an der Stelle gelöscht, wo es heißt: „Er neigte sein Haupt und gab den Geist auf." Im Anschluss an die Liturgie nehme ich den Rest der Osterkerze und bringe ihn einer Person oder Familie, die es in der vergangenen Zeit besonders schwer hatte (Krankheit, Tod, Einsamkeit etc.).

Die Kerze, die ein Jahr lang als Symbol des auferstandenen Christus in unserer Kirche gebrannt hat, soll jetzt bei einem persönlichen Schicksal weiterbrennen als ein Zeichen der Hoffnung.

Es gibt nur eine Osterkerze und doch so viele, zu denen sie gebracht werden könnte, weshalb es kein objektives Kriterium bei der Entscheidung gibt. Ich würde mich freuen, wenn aus der Gemeinde der ein oder andere Vorschlag käme, wohin ich die Kerze des Jahres bringen könnte.

„Die Hoffnung aber lässt nicht zugrunde gehen." Römer 5,5

Gelungene Kommunikation

Wie haben wir nur ohne Anrufbeantworter (AB) leben können? Dies ist für mich wirklich ein technisches Gerät, das die Kommunikation erleichtert. Die meisten Menschen trauen sich inzwischen ja auch, darauf zu sprechen. Bei mir kommen auf dem AB viele unterschiedliche Nachrichten zusammen. Ein schönes Anliegen kam letzthin von einer berufstätigen Mutter. Sie hatte einer Freundin versprochen, für deren Kind wegen einer Operation am kommenden Tag eine Kerze zu entzünden. Nun war es ihr einfach nicht möglich, dies am Morgen selber zu tun. Also rief sie ihren Pfarrer am Vorabend an und hinterließ auf dem AB die Bitte, ich möge doch die versprochene Kerze am Morgen entzünden. Das ist gelungene Kommunikation: 1. der Freundin in der Not etwas Gutes versprechen, 2. den Pfarrer auf dem AB bitten, er möge es tun, da sie beruflich verhindert ist, 3. mittels einer Kerze und einem Gebet mit dem Himmel Kontakt aufnehmen. Ich hoffe, Gebet und Kerze haben der Freundin geholfen.

„Der Herr ist mein Helfer, ich werde mich nicht fürchten."
Hebräer 13,6

Selig, die offen für Neues sind, denn sie werden überrascht sein

Katholisch heißt allumfassend

Die meisten werden wohl wie ich ihre Bilder im Kopf haben von dem, was typisch katholisch ist. Doch dann gibt es immer wieder den Überraschungsmoment, wo man stutzt und sich wundert, was es da alles gibt unter dem Zeichen von katholisch. Kennen Sie die Alexianer-Waschküche an der Bahnhofstraße 6 (www. alexianer-waschkueche.de)? Es handelt sich um einen Waschsalon mit angeschlossener Eventgastronomie. Hausarbeit wird dort mit den schönen Dingen des Lebens verbunden. Während die eigene Wäsche gewaschen wird, kann man bei einer Tasse Kaffee „die Wäsche anderer Leute waschen", d.h. über andere Leute reden, muss man aber nicht. Die Waschküche nebst angeschlossener Gastronomie ist ein Integrationsbetrieb in der Trägerschaft der Alexianer-Brüdergemeinschaft, der Menschen mit und ohne Behinderung einen interessanten Arbeitsplatz bietet. Damit aber nicht genug. Es gibt immer wieder höchst interessante Veranstaltungen in der Reihe Alex-Talk, die sich zusammenfassen lassen unter dem Titel „Wenn die Seele leidet". Ein großartiger Ort in Münster, der pfiffig und kompetent Ideen mixt.

Und so was ist katholisch? Ja! Gott sei Dank auch so was.

„Selig, die ihre Gewänder waschen ..." Offenbarung 22,14

Die gute alte Zeit beginnt jetzt

Wenn Menschen von Kirche sprechen, dann denken sie oft an das Kirchengebäude. Doch im Gespräch wird schnell deutlich, dass die menschlichen Begegnungen in und um das Gebäude die viel größere Bindung und Freude ausmachen. Eine Idee des Pfarrgemeinderates ist: zuverlässig und regelmäßig (vielleicht einmal im Monat) am Sonntag nach der Messe Kaffee, Wasser und Saft vor der Kirche oder unterm Turm in der Kirche anzubieten. Groß und Klein, Alt und Jung würden noch ein bisschen zusammenstehen, erzählen, spielen und sich begegnen. In einigen Jahren könnten wir dann sagen: „Weißt du noch, früher, als wir immer nach der Messe zusammengestanden haben? So etwas Tolles gibt es heute gar nicht mehr. Schade. Ja, damals war doch vieles besser!" Meinen Sie, wir können die gute alte Zeit schon heute ein bisschen positiv beeinflussen? Gäbe es dazu Ideen und Menschen, die mitmachen würden? Es gibt Menschen, die planen, und Menschen, die machen. Wenn beide Hand in Hand gehen, dann geht es gut vorwärts.

„Doch frag nicht: Wie kommt es, dass die früheren Zeiten besser waren als unsere? Denn deine Frage zeugt nicht von Wissen." Kohelet 7,10

Von den Dächern ruf ich deinen Namen, Gott

Neue Wege der Verkündigung und andere Wege der Kommunikation – beides ist in unserer Zeit wichtig für Kirche und Gemeinde. In den vergangenen Monaten haben wir darüber in den Gremien unserer Gemeinde hinsichtlich eines Projektes diskutiert und uns dann für dieses entschieden. Hoch oben am Kirchturm, zwischen Uhr und kleinem Fenster, soll eine Schrift bei Nacht über unserem Stadtteil leuchten. Auf den vier Seiten des Turmes soll je ein Wort stehen, beginnend auf der Portalseite, die zusammen den Satz ergeben „Ja, ich bin da". Das ist der Name, mit dem Gott sich dem Mose am brennenden Dornbusch offenbart. Den Gläubigen kann dieses Wort eine gute Zusage sein, dass Gott in unserer Mitte ist und mit uns auf dem Weg, auch in schwierigen Umbruchzeiten, wie wir sie erleben. Im Übrigen haben wir sieben Außen-Gastronomien an unserem Kirchplatz und diese Worte werden sicher viele Besucher auf den Terrassen zum Nachdenken anregen. Man stelle sich vor, diese Worte leuchten schon im August beim Stadtteilfest über dem bunten Treiben. Wir verkündigen in unserer Kirche Gottes Wort

– aber warum nicht einmal mit Gottes Wort so weithin sichtbar nach außen gehen?

Nachtrag: Diese Idee wurde mit viel Zustimmung aufgegriffen und spontan fanden sich Spender, die das ganze Unternehmen finanzierten. Tatsächlich wurde die Leuchtschrift schon wenige Monate später am Kirchturm angebracht und erfreut sich seitdem großer Beliebtheit. Einige Menschen beschreiben inzwischen ihren Wohnort im Stadtteil mit dem Zusatz: „Ich wohne auf der Ja-Seite" oder „Ich wohne auf der Bin-Seite".

„Da antwortete Gott dem Mose: Ich bin, der ich bin."
Exodus 3,14

Der alleinerziehende Priester

Beinahe wäre es passiert – ich wäre Alleinerziehender geworden. Eines meiner Patenkinder (17 Jahre, männlich, evang.) trug sich mit dem Gedanken, nach einem Jahr Schule in den USA die Oberstufe in Münster, statt in seiner Heimatstadt Dresden abzuschließen. Der unverheiratete kinderlose Patenonkel fühlte sich durch diese Überlegungen zwar überrumpelt, aber auch sehr geehrt. Wieder zu Hause in Dresden bei Familie und Freunden, wird er jetzt die Oberstufe doch dort besuchen. Was aber hätte es für mich bedeutet, wenn ein Jugendlicher in meinem Haushalt leben würde? Während der vergangenen Wochen habe ich meinen dienstlichen und privaten

Terminplan immer wieder beobachtet unter der Fragestellung: Könntest du dies machen, wenn ein 17-Jähriger bei dir wohnen würde? Was müsstest du streichen, kürzen oder wo hätte er Lust, mit hinzugehen? Resümee: 1. Es hätte mich sehr gereizt, für zwei Jahre Alleinerziehender zu sein. 2. Sicher wären Schwierigkeiten aufgetreten, die ich nicht bedacht habe. 3. Mein Freizeitverhalten wäre eingeschränkt gewesen. 4. Mancher in der Gemeinde hätte allerdings auch festgestellt, dass ein Pastor mit Kind der Gemeinde weniger zur Verfügung steht als einer ohne Kind – und ob das jedem gefallen hätte, selbst wenn er für die Aufhebung des verpflichtenden Zölibates ist, das wage ich doch sehr zu bezweifeln.

„Ich gieße meinen Geist über deine Nachkommen aus und meinen Segen über deine Sprösslinge." Jesaja 44,3

Ein Problem anders lösen als gedacht

Einen der ersten Hinweise, den ich als Pfarrer an Heilig Kreuz bekam, war der, dass die Akustik in der Kirche schwierig sei. Daran können wir anscheinend kaum etwas ändern. Mir ist aber etwas sehr positiv an der „schlechten" Akustik aufgefallen: Die Lektorinnen und Lektoren haben gelernt, laaaannngggsssaaam zu lesen. Das hat den enormen Vorteil, dass die Worte unserer Heiligen Schrift deutlicher gesprochen werden und so gut gehört werden können. – Letzteres liegt schließlich auch an den

Zuhörenden. Auch mir tut es gut, das Evangelium eine Idee langsamer zu lesen, als ich es vielleicht sonst tun würde. Resümee: Gehen wir nicht sofort daran, die Akustik zu ändern, sondern ändern wir vorher unsere Lese- und Hörgewohnheiten – und vielleicht auch mal unseren Sitzplatz, wenn er denn so ungünstig weit weg ist vom Lautsprecher, denn noch haben wir überall zu viele leere Plätze. Ach, wissen Sie, wenn die Kirche voll ist, ist auch die Akustik viel besser. Gehen wir die Lösung des Problems doch einfach von dieser Seite aus an.

„Sei schnell in deinem Hören und erhebe mit Bedacht deine Stimme zur Antwort!" Jesus Sirach 5,11

Graues Haar und klarer Blick

Immer wieder werde ich von Menschen aus der Gemeinde eingeladen, sie zu besuchen. Manche möchten mit mir etwas besprechen, andere haben Fragen, wieder andere tun dies „nur mal so". So war ich vor Wochen bei den Eheleuten U., die mir viel von ihrem spannenden Lebensweg berichteten. Eine Station auf dem Weg hat mich jedoch wirklich sprachlos gemacht – und das geschieht nicht so leicht. Sie berichteten, dass sie schon einmal für zwei Jahre in einem Seniorenheim gewohnt hätten. Dort hätten sie sich sehr wohlgefühlt, doch die Erkenntnis sei in ihnen gereift, dass es dafür irgendwie doch noch zu früh sei. Also seien sie wieder ausgezogen und hätten sich eine Wohnung genommen und auch diesen Schritt nicht bereut. Was sagt man dazu? So etwas hatte ich bis dato noch nicht gehört – und mir ist schon viel untergekommen. Aus einem solchen Schritt darf jeder seine Schlüsse ziehen, nur nicht den, dass dieses Paar Angst vor dem Alter habe, denn sie hatten mich auch eingeladen, um zu fragen, ob ich sie denn einmal beerdigen werde. So etwas nennt man: im Alter jung geblieben und dabei gereift. Respekt! Hoffentlich gelingt mir dies auch einmal.

„Graues Haar bedeutet für die Menschen Klugheit und Greisenalter ein Leben ohne Tadel." Weisheit 4,9

Woran hängt der Glaube?

Studierende der Kunstakademie Münster haben sich mit unserem Kirchenraum und dem, was wir darin feiern, beschäftigt. Sie haben die unterschiedlichsten Ideen für eine zeitlich begrenzte Aktion in der Kreuzkirche entwickelt. In drei Wochen wird die Idee „Change places" von Frau D. umgesetzt. Sie erlebt unseren Raum als groß, weit, licht – unsere Bänke hingegen als starr, fest, vorgebend. Daher werden wir in dem angegebenen Zeitraum alle Bänke entfernen. Die Gottesdienstbesucher, ob aus unserer Gemeinde oder Gäste, werden gebeten, eine Sitzgelegenheit aus ihrem Haushalt für diesen Zeitraum in die Kirche zu stellen. Wer seinen Stuhl oder Sessel nicht tragen kann, bekommt ihn transportiert. Für die weiteren Personen des Haushaltes haben wir Klappstühle. Ich freue mich besonders, dass unser Bischof sich an dieser Aktion beteiligt. Er stellt aus seinem Haushalt einen Stuhl als Priestersitz unserer Gemeinde zur Verfügung. Die meisten Menschen waren spontan begeistert von dieser Idee und ganz gespannt darauf, wie sich unsere Kirche präsentieren wird, während der Gottesdienste und danach. Natürlich finden nicht alle Menschen diese Idee gut. Denen sei gesagt, dass die Bänke auf jeden Fall wieder in die Kirche zurückkommen.

„Es saßen viele Leute um ihn herum." Markus 3,32

Ungewohnt heißt nicht unwürdig

Während der Aktion „Change places" im Herbst in unserer Kirche, wo alle Bänke gegen Stühle aus Privatbesitz ausgetauscht worden waren, gab es auch sogenannte Sitzsäcke, auf denen besonders gerne die Kinder Platz nahmen. Kinder lassen sich viel gelassener in einen solchen Sack fallen und kommen auch leichter wieder auf die Beine als Erwachsene. Ich habe mich schon gefragt, ob dies eine Sitzhaltung ist, die der Würde eines Gotteshauses entspricht. Ungewohnt heißt ja nicht schon automatisch unwürdig. In Kambodscha habe ich Katholiken bei der Messe erlebt, die erst zur Kommunion vom Boden aufstanden, und der Einzige, der unwürdig auf dem Boden

saß, war ich, da ich so einfach nicht gut sitzen kann. Interessant waren die Rückmeldungen mancher Eltern, ihre
Kinder seien noch nie so aufmerksam und ruhig gewesen
wie während der Stuhlaktion, denn endlich konnten sie
nach vorn rücken und auf Kinderstühlen oder Sitzsäcken
Platz nehmen und hätten so mehr gesehen und mehr
gehört, sie selber hätten umgekehrt auch andächtiger
mitfeiern können. Andere Länder, andere Sitten, andere
Generationen – vieles entscheidet über die Würde, nicht
nur das Alter und schon gar nicht eine Bank.

„Alles Volk kam zu ihm. Er setze sich und lehrte es."
Johannes 8,2

Tradition und Entscheidung

Eine Familie wandte sich an mich mit der Bitte, die beiden Jungen (zweite und vierte Klasse) durch die Taufe in
die Gemeinde aufzunehmen. Warum erst jetzt? – Vor Jahren wäre ihr eigenes Verhältnis zur Kirche so gewesen,
dass die Taufen nicht der eigenen Überzeugung entspro-
chen hätten. Jetzt hätten sie jedoch von der Gemeinde
immer wieder so viel Gutes gehört, dass sie ihre Kinder
taufen lassen wollten. Schön, wenn Menschen zu uns
kommen, weil sie Gutes hören und erleben.
Eine andere Familie führte zwei ihrer vier Kinder in derselben Messe zur Erstkommunion. Warum jetzt? – Sie
hätten die Kinder persönlich vorbereitet und bewusst

einen Termin gewählt, der frei sei von den üblichen Traditionen.

Ich liebe Traditionen. Was ich jedoch noch mehr liebe, sind überlegte und überzeugte Entscheidungen. Wir brauchen beides.

„Verachte nicht eine Rede von Alten! Auch sie haben von ihren Vätern gelernt." Jesus Sirach 8,9

Mut zur Veränderung

In einem Park, ich saß auf einer Bank und las, sagte ein Herr zu einem Kind von vielleicht drei Jahren beim Abschied: „Bleib so, wie du bist!" In dem Moment erinnerte ich mich an die Schulzeit und den Text von Berthold Brecht: „Ein Mann, der Herrn K. lange nicht gesehen hatte, begrüßte ihn mit den Worten: ,Sie haben sich gar nicht verändert.' ,Oh!', sagte Herr K. und erbleichte."

Selbstverständlich weiß jeder, was gemeint ist mit „Bleib so, wie du bist", und doch erschrak ich auch, immerhin trug der kleine Junge noch Windeln. Das mit dem Wachsen, Lernen, Sich-Verändern klappt in dem Alter meist noch von alleine und ganz natürlich. Nach der Pubertät wird das immer schwieriger. In der Lebensmitte, wenn die Midlife-Crisis sich bemerkbar machen kann, gibt es noch einmal die Chance, für die zweite Lebenshälfte die Weichen neu zu justieren. Manche nutzen diese Chance, manche lieber nicht, andere bringen ihren Zug zum

Entgleisen. In der ersten Lebenshälfte haben wir noch viele Leitplanken durch Erzieher/innen und Eltern, die uns helfen, den Zug auf die Geleise zu bringen und ihn in der Spur zu halten. Für die zweite Lebenshälfte könnten wir Erfahrungen und Freunde gesammelt haben, die uns bei der Weichenstellung helfen. Langsamer wird der Zug irgendwann von alleine. Nur sollte man sich nicht zu früh der Veränderung verweigern oder entscheiden, so zu bleiben, wie man ist. Veränderungspotential gibt es bis zum letzten Augenblick, an dem ohnehin die größte Veränderung erst auf uns wartet.

„... lasst euch erneuern durch den Geist in eurem Denken!" Epheser 4,23

Die Einladung

Im Kölner Stadtteil Raderberg hat sich vor fast zwei Jahren ein Verein gegründet der mittlerweile „Raderberg und -thal e.V." heißt. Die Organisatoren dieses Vereins hatten für das erste Wochenende im Juli ein Straßenfest geplant. Was gibt es da nicht alles zu tun: Bühnen, Stände, Buden, Anwohner, Parkplätze für die Tage sperren, Genehmigungen, Anträge, Absprachen, Abläufe, Musik, Essen, Trinken, Lautsprecher usw. Außerdem kamen die Organisatoren auf die evangelische und katholische Kirche zu und fragten, ob nicht am Sonntag um 12 Uhr ein ökumenischer Gottesdienst auf der Bühne gefeiert werden könnte. Vor Jahr und Tag war es noch so, dass meist die Pfarrgemeinden die Feste organisierten, Tische und Bänke schleppten, Getränkebons verkauften und Tombolapreise einsammelten. Für all das braucht man jedoch letztlich keine Pfarrgemeinde, sondern dafür braucht es Menschen, die das zu ihrer Sache machen. Ist es nicht großartig, wenn ein „weltlicher" Verein auf die Kirchen zukommt und sie bittet, das zu machen, was sie originär machen: Gottesdienste feiern? Über zweihundert Menschen haben sich dann dafür vor der Bühne versammelt. In nicht wenigen Kirchen kommt man nur noch an Hochfesten auf solche Zahlen. Vielleicht sollten wir öfter rausgehen aus unseren Räumen – und wunderbar, wenn wir dazu sogar eingeladen werden!

„Vergesset die Gastfreundschaft nicht, denn dadurch haben einige, ohne es zu wissen Engel beherbergt."
Hebräer 13,2

Wer Ohren hat, der höre

Zum Stadtteilfest in Raderberg gibt es noch einen Nachtrag. Am Sonntagnachmittag trat eine Gruppe auf der Bühne auf, die ... wie soll ich sagen ... die ist was Besonderes und für mich einfach typisch kölsch! Da haben sich Menschen zusammengeschlossen in einem Verein, die selber oder deren Kinder/Angehörige nicht gut oder gar nicht hören. Wenn in Köln Menschen sich in einem

Verein zusammentun, dann besteht schon eine gewisse Wahrscheinlichkeit, dass daraus ein Karnevalsverein wird. So auch in diesem Fall. Und wie nennt sich so ein Verein in Köln? Jecke Öhrcher. Im Umfeld der politisch korrekten Sprache wird man für diesen Namen wahrscheinlich Kopfschütteln oder Naserümpfen ernten. Im Umfeld des Karnevals und in Köln finde ich diese Namenswahl einfach nur gut! Der Auftritt der Gruppe „Jecke Örcher" hat zumindest bei mir mitten im heißen Hochsommer totale Karnevalsgefühle hervorgerufen. Groß und Klein, auf der Bühne und davor, sangen und bewegten sich mit Gebärdensprache. Wenn auch von der Stirn der Schweiß rann wegen der hohen Temperaturen, das Tränchen aus dem Auge kullerte aus ganz anderen Gründen, denn „et kölsche Hätz" hat eine direkte Leitung zu den Tränendrüsen.

„Fürwahr, ich werde in Israel etwas tun, sodass jedem, der davon hört, beide Ohren gellen." 1 Samuel 3,11

Selbst- und Fremdwahrnehmung

In Aachen gibt es eine Gemeinde mit dem ungewöhnlichen Namen „Zeitfenster". Diese wirbt mit einem Banner an der Kirche für ihre Gottesdienste am zweiten Freitag des Monats. Geworben wird mit dem Slogan: gute Musik – entspannte Leute – normale Sprache. Als ich das gelesen habe, wusste ich nicht, ob ich lachen oder weinen soll. Welche Gemeinde würde von sich denn behaupten, sie hätte schlechte Musik, anstrengende Leute und eine unnormale Sprache? Keine! Doch ich befürchte, dass das in den meisten Fällen auf einer falschen Selbstwahrnehmung beruht. Natürlich gibt es bei der Einschätzung der genannten Punkte eine gewisse Bandbreite, denn wer bestimmt, was gute Musik ist, wann Sprache normal und Menschen entspannt sind? Selbstwahrnehmung ist das Eine, doch die Wahrnehmung der anderen kann sich davon sehr unterscheiden, und ich befürchte, dass dies meistens der Fall ist. Welche Lied- und Musikauswahl in der Kirche entspricht dem Musikgeschmack der „Kinder dieser Welt"? Viele Menschen sind gerade in der Kirche alles andere als entspannt! Die Sprache der Kirche für eine „normale" zu halten …! Doch diese drei Punkte sind u.a. entscheidend bei der Wahrnehmung von Kirche. In Aachen scheint das zu gelingen und die Gemeinde darf mit diesem Slogan werben. Ich glaube, dass die meisten Gemeinden da noch ein erhebliches Wachstumspotential haben.

„In seinem Obergemach waren die Fenster nach Jerusalem hin offen." Daniel 6,11

Ein Besuch voll Glück und Seligkeit

Ein Zeitfenster zwischen zwei Terminen gab mir in Bielefeld die Möglichkeit, einem lang gehegten Wunsch nachzukommen. Eine ehemalige evangelische Kirche war zu einer Gaststätte mit dem vielsagenden Namen „Glück und Seligkeit" umgebaut worden. Auf der Homepage präsentiert sie sich mit den Worten: „Die im 19. Jahrhundert errichtete Martini-Kirche wurde 2005 vollständig saniert. Die moderne Innenarchitektur und das spannende Lichtszenario verbinden sich mit dem neugotischen Raum zu einem stilvollen Ensemble mit intensiver Wirkung. Sinnlich, paradiesisch, geistreich. Ein Ort, der sich trotzdem noch ein bisschen von seinem alten Geheimnis bewahrt hat, wurde so zu einem Refugium jenseits von alltäglichem Stress und mannigfaltiger Unruhe. In fünf verschiedenen Bereichen können Sie mit allen Sinnen genießen. Erleben Sie Glück und Seligkeit in der ehemaligen Martini-Kirche."

Ich war nachmittags dort und ließ die Atmosphäre auf mich wirken. Der Klubsessel im ehemaligen Chorraum war bequem, der Kaffee gut. Der Text auf der Homepage hatte nicht zu viel versprochen: moderne Innenarchitektur, spannende Lichtszenarien, stilvolles Ensemble, sinnlich, geheimnisvoll, Refugium jenseits vom alltäglichen Stress – alles Begriffe, die so oder ähnlich auch auf der Homepage einer Pfarrgemeinde stehen könnten.

Nach einer Weile fielen mir entscheidende Unterschiede auf: Nie war diese Kirche in den letzten Jahren besser besucht als jetzt; früher hat man nicht so bequem gesessen; das Angebot an Essen und Trinken hat sich erheblich erweitert; die Sanitäranlagen sind topp, was man von Kirchen sonst nicht unbedingt behaupten kann. Eigentlich hat der Raum in vielen Dingen gewonnen. Selbst beten darf man immer noch – nur eben nicht mehr öffentlich und gemeinsam. Genau da zeigt sich für mich das Drama dieser konkreten Umnutzung. Nachdem nicht mehr wir (Kirche) diesen Raum verantworten, ist er für mehr Menschen interessant geworden, selbst wenn sie dafür jetzt sogar Geld bezahlen müssen.

Da es in vielen Städten noch ausreichend Kirchen gibt, in denen das traditionelle Programm von Kirche und Gemeinde umgesetzt wird, stellt sich mir die Frage, warum eine solche Lokalität wie „Glück und Seligkeit" nicht ein Angebot der Kirche sein kann? Solange es „unsere" Kirche war, hat sie Geld gekostet und immer weniger Menschen sind gekommen. Nachdem es nicht mehr „unsere" Kirche ist, kommen mehr Menschen und sie bringt Geld ein. Was machen wir eigentlich falsch?

Mir ist klar, dass sich ein seelsorglich-gottesdienstliches Angebot nicht eins zu eins vergleichen lässt mit einem gastronomischen. Warum aber nicht eine Kombination von beidem? Man schaue sich einmal die Stadtbilder an. Wir (Kirche) halten die besten Standorte besetzt, zum Teil seit Jahrhunderten. Selten werden diese Orte von Menschen aufgesucht, kaum noch die Angebote genutzt. Was wäre, wenn das Restaurant „Glück und Seligkeit" in seinem heutigen Erscheinungsbild noch von uns (Kirche) betrieben würde? Wie viele Begegnungen Jesu mit Menschen fanden bei einem Essen statt oder mündeten in ein solches! Was ließe sich in einer solchen Kombination alles ermöglichen für Familien, Paare, bei freudigen und traurigen Anlässen, ganz einfach im Leben von Menschen – und zwar einfach deswegen, weil Menschen essen und trinken. Was ließe sich da alles kombinieren, wenn man die Lebensumstände der Menschen einmal durchbuchstabiert! Natürlich wäre es kein Restaurant wie in Bielefeld, aber wir müssten ja auch nicht davon leben. Und in dem

Zwischenraum von Leben und „davon leben" ließe sich vieles für das Leben der Menschen ermöglichen, die wir mit unseren bisherigen Angeboten immer weniger erreichen, welche wir dennoch an vielen Orten anbieten.

„Selig, wer im Reich Gottes am Mahl teilnehmen darf."
Lukas 14,15

Ein ungewöhnliches Symbol

Auch nach fast 22 Jahren gibt es im „Alltäglichen" des Priesters immer wieder Überraschungen. Per Mail teilte mir der Vater eines Täuflings (Kommunionkind) mit, dass er gerne eine Erklärung abgeben möchte hinsichtlich der Taufkerze. Als ich in die Kirche kam und die Kerze sah, wusste ich, dass auch ich dazu eine Erklärung bräuchte. Was war auf der Kerze zu sehen? Neben einer Sonne und einem großen Kreuz befanden sich am unteren Rand drei Erdmännchen. Diese waren so ausgezeichnet aus Wachs gestaltet, dass die kleinen Präriehunde, wie sie auch heißen, sofort als solche zu erkennen waren. Weshalb waren diese nun auf der Kerze? Es waren die Lieblingstiere des Täuflings – doch das allein wäre noch kein ausreichender Grund gewesen. Ihr Sozialsystem, in dem alle sich um den Nachwuchs kümmern und einige der erwachsenen Tiere ständig Ausschau nach drohender Gefahr halten, kann als Abbild für eine christliche Gemeinde stehen. Das Bild war ausgesprochen schön und erinnerte auch an die vielen Tiere in den Mosaiken, die in christlichen Basiliken Roms und des Orients zu sehen sind. Alle haben sie einen symbolischen Gehalt, doch nirgends habe ich bisher Erdmännchen gesehen – außer in Albachten auf einer wunderschönen Taufkerze.

„Seid nüchtern, seid wachsam!" 1 Petrus 5,8

Wenn die Frauen nicht mehr schweigen
(1 Korinther 14,33b f.)

Maria ist im Marienmonat Mai in diesem Jahr (2019) weit über das binnenkirchliche Milieu hinaus präsent in der öffentlichen Wahrnehmung. Ein kleiner Kreis von Frauen hat unter dem Namen Maria 2.0 eine unerwartet große mediale Welle ausgelöst. Nun kann man über den Schritt, ein Wochenende vor, statt in der Kirche zu beten, geteilter Meinung sein, ebenso wie diese Aktion die Gemeinde teilte. Ohne sie hätten sie es jedoch nicht in ernstzunehmende Medien wie ARD, SZ, Zeit und FAZ geschafft. Dass sie es so weit gebracht haben, lässt mich hoffen. Zum einen sind da Menschen, nein, ich muss in diesem Falle sagen Frauen, die sich zu Wort melden, aktiv werden, sich einmischen, und zum anderen wird dies von den Medien so aufgegriffen, dass das Relevanz für die Öffentlichkeit hat. Die abgeschlagene Position 102 der katholischen Kirche (evangelische Kirche Platz 19) im aktuellen Gemeinwohlatlas, nach Youtube und vor dem

DFB, hätte eine solche Relevanz kaum mehr vermuten lassen.

Meine Kirche ist kein börsennotierter Konzern, doch mit diesen verbindet sie neuerdings eine Frauenquote von 30 Prozent für Führungspositionen. Wenn es darunter eine (!) Position gäbe, in der eine Frau einem Priester oder Bischof gegenüber weisungsbefugt wäre, dann wäre mir dies wichtiger als eine Quote, seien es 30, 60 oder 90 Prozent, denn dann hätte sich Wesentliches geändert.

Manchmal sagt ein Bild mehr als Worte. So setzte sich die Priorin der Benediktinerinnen hier in Köln vor einigen Wochen auf den Priestersitz, während sie die feierlichen Gelübde einer Schwester entgegennahm. Vorher und nachher war dies mein Platz, doch bei diesem Akt war sie die Vorsteherin der Feier. Und wenn sie am Abend zum Ende der Komplet jedes Mitglied des Konventes mit Weihwasser segnet, dann neige auch ich mein Haupt vor diesem Segen.

Kirche ist kein Konzern und die Bibel kennt keine Quote, aber sie kennt Bilder. Das Bild, das wir als Kirche abgeben, ist meist vielsagender als die Worte, die man von Kirche hört.

„Er stürzt die Mächtigen vom Thron." Lukas 1,52

Selig sind die Praktiker, denn sie werden Theorien zum Leben erwecken

Angstfrei

In Rom tagte eine Bischofssynode. In allen Medien wurde darüber berichtet. Eine Formulierung ist mir dabei aufgefallen. Immer wieder wurde Papst Franziskus mit den Worten bzw. der Einladung zitiert, die Bischöfe mögen doch bitte „angstfrei" über die Themen reden. Schon allein beim Lesen dieses Wortes wurde mir angst und bange. Ist es wirklich so weit in unserer Kirche gekommen, dass der Chef seine Abteilungsleiter zu einem solchen Reden erst ermutigen muss? Herrscht denn tatsächlich eine solche Atmosphäre in den Führungsetagen unserer Kirche? Was sind denn da für Jungs Bischöfe geworden – von Männern will ich gar nicht reden –, die man erst zur Angstfreiheit auffordern muss? Hoffentlich, nein, sicher nicht alle! Es geht ja nicht darum, dass alle einer Meinung sein müssen, aber anscheinend haben ja nicht einmal alle eine eigene Meinung, und wenn, dann trauen sie sich nicht, diese zu sagen – und schon wird mir wieder angst und bange. Doch dann bin ich wieder richtig froh über einen Mann an der Spitze, der unseren Laden anscheinend angstfrei und realistisch betrachtet.

„Fürchte dich nicht, denn ich bin mit dir; habe keine Angst, denn ich bin dein Gott!" Jesaja 41,10

Nächsten- und Gottesliebe

Nach der Predigt am Sonntag verließ ich die Kirche, denn es gab einen eigenen Zelebranten für die Messe. Ich war auf dem Weg zur Bäckerei, um für den Nachmittagsbesuch etwas Kuchen zu besorgen. Da kam ein Herr mit Gebetbuch im Sturmschritt angelaufen. Er sah mich und rief im Vorübergehen: „Da komme ich heute aber zu spät." Die Messe hatte schon vor 30 Minuten begonnen. Im Weitergehen drehte er sich noch mal um und rief mir hinterher: „Ich hatte 24 Stunden Dienst im Krankenhaus!" Ist so etwas nicht toll? Da kümmert sich jemand als Arzt 24 Stunden um die Menschen und vergisst darüber am Sonntag auch Gott nicht. Wenn so jemand dann zu spät kommt, ist das nicht nur entschuldbar, sondern sogar begrüßenswert. Solche Begegnungen versuche ich, im Gedächtnis abzuspeichern für die Momente, wenn sich mal wieder jemand verspätet und ich mir darüber meist nicht sehr fromme Gedanken mache. Wer weiß, woher dieser Mensch gerade kommt!

„Nicht die Gesunden bedürfen des Arztes, sondern die Kranken." Markus 2,17

Eine Lebemeisterin

Eine Tante von mir, eine Ur-Kölnerin, geboren 1911 auf dem Berlich und getauft in St. Gereon, hat allein durch ihre Art zu leben auf mich einen großen Einfluss gehabt. Sie war unverheiratet und kinderlos. Ihr unverfälschtes Kölsch klingt mir noch im Ohr und ihre Freude am Leben wirkt bis heute nach. Gerade Letzteres verschloss ihr jedoch nicht die Augen vor dem, was am Ende des Lebens unvermeidlich steht – dem Tod. Mit 88 gab sie ihre geliebte Dachwohnung auf und zog in ein Altenheim. Innerlich hatte sie schon von allen Dingen Abschied genommen, was sich in der Bemerkung widerspiegelte: „Darf ich mir fürs Altenheim noch einige Sachen ausleihen?" Die Antwort, dass alles noch ihr gehöre, konterte sie mit einem Lächeln und den Worten: „Nein, das ist alles schon lange nicht mehr meins!" Und wirklich, jedes Bild und Möbel war bereits mit dem Namen der Person versehen, die es erben sollte. Der für ihr Zimmer im Altenheim noch gekaufte Teppich wurde von ihr deswegen mit dem Satz kommentiert: „Ich weiß gar nicht, wohin ich damit soll, wenn ich einmal umziehe." Die erstaunte Rückfrage, wohin sie denn noch ziehen wolle, beantwortete sie mit gespielter Überraschung: „Wohin soll ich denn noch umziehen? Ich ziehe nach Melaten*, da habe ich ein Grundstück!" In der Kunst des Lebens und des Sterbens hat sie es zur Meisterschaft gebracht. Wir brauchen für unser Leben Lehrmeister/innen, aber fast noch wichtiger sind die Lebemeister/innen.

* für Nicht-Kölner: Melaten ist der große Zentralfriedhof aus dem 19. Jahrhundert – und zu Karneval schmücke ich ihr Grab mit Luftschlagen.

„Wer die Weisheit liebt, liebt das Leben ..." Jesus Sirach 4,12

Eingeladen zum Fest des Glaubens

Bei einer Diskussion nach einem Vortrag meldete sich ein Mitbruder und erzählte zur Freude aller folgende Geschichte: In einer der zahlreichen von ihm betreuten Kirchen waren zur Messe am Werktagabend genau noch zwei ältere Personen gekommen. Die eine war gehbehindert, die andere sehbehindert. Beide waren dem Pfarrer gut bekannt und alle waren Zeugen eines schleichenden Prozesses, an dessen Ende sie jetzt standen. Etwas resigniert fragte er die beiden, ob sie denn jetzt noch die Messe feiern sollten. Diese antworteten ihm, er solle mal in die Sakristei gehen und sich umziehen. Als er zurückkam in die Kirche, waren dort fünf Menschen, denn „der Lahme und der Blinde" waren vor die Kirche gegangen und hatten dort Passanten angesprochen und eingeladen, doch mit ihnen die Messe zu feiern.

Was für eine schöne Geschichte! Er bekam viel Applaus dafür. Natürlich hätte man auch mit den Stereotypen reagieren können wie „Aber es geht doch nicht um die Zahlen – der Einzelne ist wichtig – wo zwei oder drei in meinem Namen versammelt sind – etc.", die die meisten aus dem kirchlichen Umfeld nur zu gut kennen. Falsch sind die nicht, doch geht es leider bei diesem Reden zu wenig um den Menschen und die Messe als vielmehr darum, den Status quo zu verteidigen und letztlich nichts zu tun. Im Evangelium (Lk 14,15-24) werden die Lahmen und Blinden eingeladen zum Festmahl. Wer hat denn gesagt, dass nicht auch die Lahmen und Blinden zum Festmahl einladen können und so zum Vorbild werden für alle, denen an diesem Festmahl etwas liegt. Also: nicht aufgeben, aber auch nicht einfach weitermachen, sondern mitmachen!

„Geh schnell hinaus auf die Straßen und Gassen der Stadt und hol die Armen und die Krüppel, die Blinden und die Lahmen hierher!" Lukas 14,21

After Church Party

„After Work Party" (Party nach der Arbeit) – so nennt sich eine in Münster noch ganz neue Aktion. Berufstätige Männer und Frauen können in einer Gaststätte bereits ab 17 Uhr auf eine Party in bester Stimmung treffen und mitfeiern. Der Hintergedanke dieses Angebotes ist, dass in vielen Lokalitäten die Stimmung erst gegen Mitternacht ihren Höhepunkt erreicht. Am Wochenende ist das für die Gäste kein Problem, aber in der Woche wird es zur Belastung. Die „After Work Party" startet in Münster einmal die Woche in der Hafengegend. Jetzt habe ich auf einem Plakat vom „Hot Jazz Club" gelesen, dass dieser Club am Sonntag ab 15 Uhr eine „After Church Party" (Party nach der Kirche) startet. Eine glänzende Idee, und den Betreibern des Clubs wünsche ich dafür viel Erfolg, denn so wird auch ein bisschen Werbung gemacht für „Kirche". Deshalb kommen zwar nicht mehr in den Gottesdienst am Vormittag, aber es scheint doch noch ein gesellschaftlicher Konsens zu sein, dass der Sonntagvormittag dem Gottesdienst gehört. Die Initiatoren hätten die Aktion schließlich auch „After Sleep Party" (Party nach dem Ausschlafen) nennen können. Dies hätte die Lebenswirklichkeit der Menschen wohl eher getroffen, aber sie haben es nicht so genannt. Dafür auf diesem Weg ein Dankeschön, verbunden mit der Zusage, mich dort bald als Gast zu sehen, denn Jazz live ist außerdem eine ganz feine Sache, fast so gut wie Gottesdienst live.

„Morgen ist Feiertag, heiliger Sabbat für den Herrn." Exodus 16,23

Danke für's Kompliment!

Bürgerversammlung im Saal der Gaststätte Sontheimer. Es geht um die geplante Flüchtlingsunterkunft im Neubaugebiet. Pastorin W. und ich sind auch da und werden sogar namentlich begrüßt. Doch dann kommt der Nachsatz von Herrn E., der auf dem Podium den Abend mitkoordiniert: „Als einige hörten, Pastorin W. und Pastor

Frings würden auch kommen, haben sie gesagt: ‚Wenn die kommen, dann trau ich mich nicht, das zu sagen, was ich sagen möchte!'" Nach einem Moment des Erstaunens war ich mir mit Helga W. einig, dass das eines der schönsten Komplimente gewesen ist, das wir in letzter Zeit bekommen haben. Warum? Na klar, da sehen Bürger in uns und unseren Ämtern Menschen, die selbstverständlich auf der Seite der Flüchtlinge und Schwächsten stehen! Wir sagen herzlichen Dank für dieses Kompliment und werden versuchen, ihm gerecht zu werden!

„Ich war fremd und ihr habt mich aufgenommen."
Matthäus 25,35

Jesus und die Fußballspieler

Bei Freunden in Münster sieht das Zimmer der beiden Jungen (dritte und fünfte Klasse) so aus, wie bei vielen anderen Jungen auch: Fußballposter ersetzen fast flächendeckend die Tapete. Der ältere der beiden hat zu diesem Schuljahr die Schule gewechselt. Über seinem Schreibtisch hängt ein großes Schild mit der Aufschrift: „Meine Erfolge am Paulinum". Voller Interesse näherte ich mich dieser Hinweistafel, und welche Erfolge wurden darauf verkündet? 13 Tore und acht Vorlagen! Der Erfolg einer 1- in Deutsch wurde nicht angezeigt. Und zwischen all den Postern gibt es noch eine „freie Fläche", auf der das Bild Christi hängt und von den Eltern eifrig vertei-

digt wird gegen die anstürmenden Fußballer auf den Pla-
katen. Was sagt ein solches Zimmer aus? – Ein gesunder
Geist (1- in Deutsch [der Junge kommt aus Russland])
in einem gesunden Körper (13 Tore / acht Vorlagen) und
ein Gefühl für die Seele (Ikone zwischen all den Fuß-
ballern).

*„Die Plätze der Stadt werden voller Knaben und Mädchen
sein, die auf ihren Plätzen spielen."* Sacharja 8,5

„Notausgang" zur Sakristei

Es ist unruhig geworden in den letzten Wochen in unserer Gemeinde – es ist unruhig geworden am Sonntagmorgen um zehn Uhr in unserer Kirche. Wer verursacht
diese Unruhe? Es sind die Kinder, die kleineren Kinder.
Am 4. Advent zählte ich allein 30 Kinder unter 15 Jahren in einer „normalen" Sonntagsmesse. Viele davon sind
Kleinkinder oder im Kindergartenalter. Für diese Anzahl
ist es immer noch erstaunlich ruhig, aber manche ver-
schaffen sich eben auch Gehör, zaghaft, lauter, brab-
belnd und auch schon mal schreiend. Dadurch entsteht
eine gewisse Spannung – nicht zuletzt bei den Eltern
dieser Kinder, die doch gerne zum Gottesdienst kommen
und bleiben würden. Diesen Eltern – und ich bitte alle
um Mithilfe durch Weitersagen – möchte ich sagen: Sie
können jederzeit während des Gottesdienstes mit Ihren
Kindern, falls sie Ihnen zu unruhig werden, in die Sak-

ristei gehen. Dort ist ein Lautsprecher, der den Gottesdienst überträgt, und Ihnen wird auch die Kommunion in die Sakristei gebracht. Wie viele Gemeinden wären froh, wenn sie wenigstens hin und wieder solche „Störgeräusche" in ihren Gottesdiensten hätten!

„Lasst die Kinder zu mir kommen; hindert sie nicht daran! Denn solchen wie ihnen gehört das Reich Gottes." Markus 10,14

Die Umstände verbessern

Eisige Temperaturen in Deutschland am Anfang des Jahres. Wenn dabei Menschen ohne Obdach draußen überleben müssen, wird es für diese doppelt so schwer. Ein Pfarrhaus ist ein sicherer Anlaufpunkt, wo zumindest kurzfristige Hilfe ermöglicht werden kann. Doch was kann ich tun, wenn ein obdachloser Mensch das Angebot nicht aufgreift, ihn zu einer Unterkunft nach Münster zu bringen? Zwingen kann ich niemanden! In diesen Fällen biete ich meine Garage an mit einigen isolierenden Unterlagen sowie warmen Getränken und Speisen. Nun stand eines Morgens ein Herr vor meiner Türe, der die Nacht vor der Friedhofskapelle verbracht hatte. Er berichtete davon, dass ein nettes älteres Ehepaar ihn zum Frühstück eingeladen habe (Herr W. ist nun aber auch eine ausgesprochen saubere und freundliche Erscheinung, trotz seines schweren Lebens auf der Straße). Auch

Menschen, die in meiner Garage gesichtet werden, wurden in der Vergangenheit versorgt und bekocht. Manches Schicksal können wir nicht mehr ändern, aber viele Umstände lassen sich bei Aufmerksamkeit und Bereitschaft zur Hilfe zumindest erträglicher machen. Schön, wenn viele hinschauen, mitdenken und handeln. Übrigens: Herr W. wurde beim Brötchenholen von der Großmutter und dem Enkelkind eingeladen – was für ein Glück dieses Enkelkind doch hat mit so aufmerksamen Großeltern!

„Wer Erbarmen hat mit dem Elenden, leiht dem Herrn; er wird ihm seine Wohltat vergelten."
Buch der Sprichwörter 19,17

Selig sind die Aufmerksamen, denn sie werden an Wegkreuzen ein Gebet sprechen

Erst das Bild, dann der Ton

Es war im Sommer, ich traf in der Fußgängerzone eine Bekannte und wir gingen spontan einen Kaffee trinken. Bald setzte sich eine Dame an den Nachbartisch und ich erkannte sie als ein Gemeindemitglied aus meiner vorherigen Gemeinde. Wir sprachen kurz miteinander und ich erkundigte mich nach dem Gesundheitszustand ihres Mannes. Als sie das Café verließ, beugte sie sich zu mir runter und raunte mir ins Ohr: „Es ist wieder eine Lust, katholisch zu sein!" Worauf ich spontan erwiderte: „Und wir beide wissen, was Sie damit meinen!"

Papst Franziskus war etwa hundert Tage im Amt und seine Art und Weise des „Papst-Seins" war die Ursache ihrer Bemerkung. Sagt dieser Papst etwas ganz anderes als seine Vorgänger? Mitnichten! Aber „die Welt", zu der auch Sie und ich gehören, sieht, bevor sie hört. Kleidung, Wohnung, Automarke und Auftreten – und dann erst hören wir, was jemand sagt. Das gilt jedoch nicht nur beim obersten „Chef", sondern auch bei denen darunter und darunter und darunter, eben beim ganzen Bodenpersonal. Glaubwürdigkeit ist nicht nur eine Frage des Wortes, das wir hören, sondern auch des Bildes, das wir sehen. Vielleicht ist unser Papst für jeden getauften Menschen ein Anreiz, bei sich mal nachzusehen, nachzuhören und gegebenenfalls auch nachzujustieren.

„Zieht den neuen Menschen an, der nach dem Bild Gottes geschaffen ist in wahrer Gerechtigkeit und Heiligkeit.“
Epheser 4,24

Im Glauben begleiten

Die Mutter eines Kommunionkindes war schwer erkrankt. Daher konnte niemand von der Familie das Kind auf das Wochenende der Kommunionkinder und ihrer Eltern begleiten. Alle Mitfahrenden hatten ein Namensschild und die Dame, die diesen Jungen begleitete, trug das der Mutter, deren Name jedoch ergänzt worden war um den der Trägerin. Ich sprach sie an mit der Frage, in welchem Verhältnis sie zu dem Kind stehe. Ihre Antwort: „Ich bin die Patentante aus Frankfurt.“ Dazu kann man nur sagen: „Herzlichen Dank“! Da nimmt ein Mensch das Versprechen absolut ernst, das er diesem Kind bei der Taufe gegeben hat, als er gefragt wurde: „Die Eltern dieses Kindes haben Sie gebeten, das Patenamt zu übernehmen. Auf Ihre Weise sollen Sie mithelfen, dass aus diesem Kind ein guter Mensch und ein guter Christ wird. Sind Sie dazu bereit?“ Danke für dieses Glaubenszeugnis! Ich selber habe fünf Patenkinder, gleichmäßig verteilt in einem Altersabstand von zwanzig Jahren. Drei Jungs, zwei Mädchen. Zwei sind evangelisch, drei katholisch. Zu allen versuche, ich den Kontakt zu halten, und sie sind diejenigen, für die ich das meiste Geld ausgebe, wenn ich in Kirchen Kerzen entzünde.

„Ich habe mich sehr gefreut, unter deinen Kindern solche zu finden, die in der Wahrheit wandeln." 2 Johannes 1,4

Was der Mensch zum Leben braucht

In allen Berufen, bei denen es um zwischenmenschliche Kontakte geht, muss man heutzutage ja bald schon einen Managementkurs gemacht haben. Anscheinend haben die Menschen, die auf der Straße leben und von dem leben, was man ihnen so gibt, inzwischen auch solche Kurse gemacht. Man wird ja nicht mehr barsch um einen Euro angefragt, sondern es wird einem auch ein schöner Tag gewünscht, selbst wenn man nichts gegeben hat. Letzthin habe ich einen Bettler in der Fußgängerzone von Düsseldorf gesehen. Vielleicht liegt es am vornehmen Umfeld der Landeshauptstadt oder er hatte schon einen Fortgeschrittenenkurs besucht, denn er hatte vier kleine Becher vor sich stehen, und die Passanten konnten selber entscheiden, wofür sie ihm was geben wollten. Sie hatten die Wahl zwischen „kiffen", also Drogen, „Darth Vader" (keine Ahnung, was er damit meinte), „Puff" und „Nahrung und Kleidung". Wie groß sein Erfolg war, kann ich nicht sagen, aber nicht nur er, sondern auch die Vorbeigehenden hatten viel Freude an dieser fantasievollen Art von Schaufenster.

„Als er mit seinen Jüngern und einer großen Menschenmenge Jericho wieder verließ, saß am Weg ein blinder Bettler, Bartimäus, der Sohn des Timäus." Markus 10,46

Auf unbekannten Meeren

Von Frau M., die Ostern 2013 getauft wurde, bekam ich an einem Samstagabend eine SMS. Darin schrieb sie mir, dass sie bei ihrer (noch) ungetauften Schwester sei und diese darauf bestanden habe, jetzt müssten sie doch das „Wort zum Sonntag" sehen und deswegen den Fernsehsender wechseln. Das Erstaunliche war jedoch nicht, dass die Schwester darauf bestand, sondern das Frau M. bis dato nicht einmal wusste, dass es ein „Wort zum Sonntag" überhaupt gibt und dies zunächst für einen Scherz hielt. Was lehrt uns das? Dass sich die Welt der Medien grundlegend geändert hat. Ich bin mit „Wetten dass?" zwar nicht mehr groß geworden – da war ich schon groß, als das begann –, aber es gab nur zwei Fernsehsender und am Montagmorgen konnte man in der Schule ggf. nur von dem einen oder dem anderen Programm erzählen. Selbst aktive Gemeindemitglieder, und Frau M. ist nach ihrer Taufe ein sehr aktives Mitglied unserer Gemeinde geworden, kennen solche „Flaggschiffe" des öffentlich-rechtlichen Fernsehens nicht mehr. Wir müssen in einer veränderten Welt ständig nach neuen Wegen der Kommunikation Ausschau halten. Wir waren zu Beginn unserer Geschichte als Kirche ganz gut darin. Jesus soll übrigens deswegen meist Fischer berufen haben, da diese den Fischschwärmen nachfahren müssen und nicht darauf warten können, bis diese von alleine ins Netz schwimmen. In diesem Sinne, mit frischem Mut und Wind als Kirche und Gemeinde raus aufs unbekannte Meer (der Kommunikation) und suchen wir nach den Menschen!

„Er aber sagte zu ihnen: Werft das Netz auf der rechten Seite des Bootes aus und ihr werdet etwas finden."
Johannes 21,6

Zusammen in verschiedenen Welten leben

Wir hatten an unserer Kirche einen Dauergast, der dort über Monate bei Wind und Wetter campierte und oft mit seinem Schlafsack im Regen lag. Gab es denn keine andere Möglichkeiten für ihn – konnte man ihm nicht eine Unterkunft ermöglichen? Fragen, die uns gestellt wurden und die wir uns selber gestellt haben. Die Antwort war ein wohl für alle unverständliches „Nein". Herr T. hatte zwar eine Betreuerin, aber er war nicht entmündigt. Er verweigerte die Einnahme der für ihn hilfreichen Medikamente und wollte auch andere Hilfsangebote nicht annehmen. Wir hatten ihm angeboten, etwa seine nassen Sachen zu waschen und zu trocknen, einen Kaffee am Morgen zu kochen oder eine Plane über seinem Schlafplatz aufzuspannen. Ihn dort liegen zu sehen, ließ kaum einen Menschen unberührt, und ihn von da wegzuschicken, hätte das Problem nicht gelöst. Wir mussten mit ihm leben, in einer gemeinsamen Welt, die sich für uns unterschiedlich darstellt und in der es eben auch Menschen wie Herrn T. gibt, der freundlich zurückwinkte, wenn er gegrüßt wurde.

„Vor einer Krankheit lass dich behandeln!"
Jesus Sirach 18,19

Nur Gott ist vollkommen

Ich weiß nicht, ob ich es gesehen hätte, aber auf den Kreuzwegstationen in unserer Kirche gibt es einen winzigen Fehler. Aber die Messdiener haben es gesehen und mich darauf aufmerksam gemacht. Die Figur des Jesus hat auf fast allen Bildern sechs Zehen. Ich wollte es zunächst nicht glauben, aber es stimmt! Fragen Sie mich nicht, warum der Künstler das gemacht hat. Mir fiel jedoch etwas anderes ein, als ich das sah. Zeichentrickfiguren werden immer mit vier statt fünf Fingern gemalt. Das stört nicht beim Hinsehen, erleichtert aber das Malen. Es gibt jedoch eine Ausnahme und zwar in meiner Lieblingsserie, den Simpsons. Wenn dort Gott auftritt, wird er nur bis zu den Schultern gezeigt – nie sein Gesicht –, und er hat auch als einzige Figur der Serie fünf Finger. Ein aufmerksames und liebenswertes Detail, wie ich finde, denn wir sollen uns kein Bild von Gott machen und er allein ist vollkommen. Wenn er im Zeichentrick einen Finger mehr hat als die Menschen, hat er vielleicht deswegen auch eine Zehe mehr auf den Stationen des Kreuzweges? Egal, in beiden Fällen geht es nicht um einen Finger oder eine Zehe mehr. Es geht darum, wer er für uns ist und was sein Sohn für uns getan hat.

„Das ist der Finger Gottes." Exodus 8,15

Das hätte es zu unserer Zeit nicht gegeben!

In unsere Gottesdienste an den Wochenenden kommt auch anscheinend eine größere Anzahl Jugendlicher. Jetzt kann ich Sie förmlich vor mir sehen, wie Sie in Gedanken durch die Reihen der Gottesdienstbesucher gehen und diese Jugendlichen nicht sehen. Übrigens: Ich sehe die auch nicht, aber sie sind dennoch da und es gibt ein Indiz dafür. Nach den Gottesdiensten werden die Gebetbücher in die dafür vorgesehenen Wagen zurückgelegt von den Ersten, reingedrückt von denen danach und mit Gewalt reingequetscht von – na klar – den Jugendlichen! Denn keine Eltern, geschweige denn Großeltern, würden so mit einem „fremden" Buch umgehen, schon gar nicht in der Kirche und schon überhaupt nicht mit einem Gebetbuch. Letzthin brauchten die Küsterin und ich einen Schraubenzieher, um die Bücher wieder aus den Fächern herauszubekommen. Und wissen Sie was? Ich bin sogar bereit, das eine oder andere Gebetbuch zu opfern für die Jugendlichen, die damit so unachtsam umgehen, denn da stimmen Sie mir sicher zu, dass weder Eltern noch Großeltern so etwas tun würden – oder?

Nachtrag: Nachdem dieser Text veröffentlicht wurde, waren die Jugendlichen übrigens wieder verschwunden, denn alle Bücher wurden ordentlich zurückgelegt. Manchmal hilft ein kleines bisschen Ironie auch in der Kirche.

„Der Jugend aber hinterlasse ich ein edles Beispiel."
2 Makkabäer 6,28

Hier bin ich Mensch, hier darf ich sein

Kirche und Kneipe werden auf dem Land nicht selten in einem Atemzug genannt, liegen sie doch oft in unmittelbarer Nachbarschaft. In der Nachbarschaft zum Kloster der Benediktinerinnen in Köln-Raderberg liegt das „Brauhaus am Kloster". Dort habe ich auch die Spiele der Fußball-EM gesehen. Als ich einige Monate später wieder dort einkehrte, wurde ich sofort persönlich begrüßt. Nun habe ich ein ganz schlechtes Personengedächtnis und bin umso überraschter, wenn Menschen damit gesegnet sind. Was für ein schönes Gefühl, wenn wir (wieder-)

erkannt werden! Sofort fühlen wir uns willkommen und ein bisschen zu Hause. Ein gutes Kölsch kann man kaufen, doch reich machen unser Leben die unbezahlbaren Dinge. Eine sogenannte Willkommenskultur praktizieren heute viele Unternehmen, um Kunden zu gewinnen und zu binden. Im Brauhaus hatte ich gar nicht das Gefühl, als Kunde begrüßt, sondern als Mensch wiedererkannt zu werden. Das wünsche ich mir auch für uns als Kirche: In den Menschen, die kommen, nicht Kunden zu sehen und sie nicht zu betrachten mit dem Hintergedanken, sie an uns zu binden. Es gibt eine Unternehmenskultur, die das Unternehmen auf Platz 1 setzt – denen geht es um Kundenbindung. Und es gibt eine, die den Menschen auf Platz 1 setzt – denen geht es um den Menschen.

„Darum nehmt einander an, wie auch Christus uns angenommen hat, zur Ehre Gottes." Römer 15,7

Begegnungen am Chlodwigplatz

Seitdem ich keine Pfarrhaustüre mehr habe, klingelt niemand mehr bei mir und bittet um eine finanzielle Unterstützung. Also gebe ich das Geld, was mir für solche Fälle anvertraut wird, denjenigen, die mir auf meinen Wegen durch die Stadt begegnen. Spätestens auf dem Chlodwigplatz gibt es ausreichende Möglichkeiten. Dort wurde ich von einem Obdachlosen in meinem Alter angesprochen. Er bat mich um einen Beitrag, von dem er sich einen Burger kaufen könne. Als ich ihm etwas gab, stutzte er kurz und sagte: „Jetzt habe ich ja zu viel Geld. Einen Moment, ich gebe Ihnen dann den Mehrbetrag zurück." Ich habe darauf verzichtet, mich aber über die Freundlichkeit und Ehrlichkeit sicher so gefreut wie er sich über den Burger. Ein anderes Mal gab ich meinen Beitrag einem jungen Mann, der schon sehr weit unten angekommen war, mit guten Wünschen in die Hand. Er bedankte sich und sagte sofort: „Ich habe eine Bitte. Da mir meine Beine so weh tun und ich kaum laufen kann, können Sie mir von dem Geld am Büdchen Bier holen?" Das war auch für mich eine Premiere, dass ich meine Spende gleich selber in Alkohol umsetzte. Eins kann ich aber sagen: Die meisten Menschen, denen das Leben warum auch immer so mitgespielt hat, dass sie zwischen unseren Häusern auf den Straßen leben, sind ganz feine Menschen!

„Wer sein Ohr verschließt vor dem Schreien des Armen, wird selbst nicht erhört, wenn er um Hilfe ruft." Buch der Sprichwörter 21,13

Das Kruzifix im Container

ICH GESTEHE!!! – Ich habe Big Brother gesehen an einem Samstagabend als Begleitprogramm zu meiner Bügelwäsche und zum Schuhe putzen (ja, ich mache das in der Wohnung, aber verraten Sie es nicht meiner Mutter). An diesem Abend war der Generalsekretär der FDP als Gast im Big-Brother-Haus. Von dem Auftritt und den Gesprächen ist mir eigentlich nichts in Erinnerung geblieben. Aber etwas anderes ist mir ganz deutlich aufgefallen, als aus dem Haus berichtet wurde. Ich habe gestutzt und beim nächsten Kameraschwenk noch einmal genauer hingesehen. Da hängt doch im Big-Brother-Haus, richtig groß und auffällig zwischen all den Spiegeln, hinter denen die Kameras stehen, ein Kreuz – richtiger: ein Kruzifix (Kreuz mit Corpus). Und ich gebe zu, ich war doch überrascht, dass so etwas zur Ausstattung des Wohncontainers gehört. Nur das Notwendigste wird den Bewohnern mitgegeben. Für RTL und RTL II gehört dazu ein Kreuz. Deswegen finde ich die Show nicht besser und nicht interessanter, aber eine Überraschung hatte sie dennoch für mich parat.

„Und sie werden auf mich blicken, auf ihn, den sie durchbohrt haben." Sacharja 12,10

Kein Extra für den Pfarrer

Bei der diesjährigen Caritastürsammlung habe ich auch einen Bezirk übernommen. Die Organisatorin der Sammlung meinte zu Beginn, ich werde sicherlich mehr bekommen als die anderen Sammler/innen. Insgeheim habe ich das übrigens auch für möglich gehalten. Nicht wenige Menschen waren erstaunt, den Pfarrer vor ihrer Türe anzutreffen, und fragten nach der Dame, die sonst gesammelt habe. Ich konnte nur antworten, dass sie diesmal einen anderen Bezirk übernommen habe und ich sie hier vertrete. Doch dann kam's: „Herr Pastor, nun müssen Sie aber nicht glauben, dass Sie mehr Geld bekommen als die Dame, die sonst kommt. Die wäre doch sonst enttäuscht." Was sagt man dazu? Da kann ich nur sagen: Es gibt doch tatsächlich sehr aufmerksame Mitbürger in Albachten! Die wollen sich kein Ansehen kaufen beim Pastor, sondern denen ist das Gefühl ihrer Mitmenschen, hier der Sammlerin, wirklich etwas wert. Das finde ich richtig gut. Da war mir das Geld im Beutel am Ende nicht so wichtig wie die Freude, auf solche netten Menschen zu treffen.

„Nehmt keine Vorratstasche mit auf den Weg, kein zweites Hemd, keine Schuhe, keinen Wanderstab; denn wer arbeitet, ist seines Lohnes wert." Matthäus 10,10

Ein kleiner, aber feiner Unterschied

An manche Dinge hat man sich einfach gewöhnt, man nimmt sie selbstverständlich zur Kenntnis – so lange, bis jemand anderes einen darauf aufmerksam macht. So geschehen bei einer der letzten Dechantenkonferenzen. Ein Mitbruder sprach mich auf das Eingangsschild der evangelischen und katholischen Gemeinden von Albachten an, auf dem die Gottesdienstzeiten angegeben sind.

Er meinte, wir hätten eine schöne Formulierung gewählt. Wissen Sie, was auf unserem Schild steht? Ich wusste es nicht! Es steht darauf: „Unsere Gottesdienste", und der Mitbruder fand diese Formulierung schöner als die sonst übliche ohne das Wort „unsere". Ich finde, er hat recht. Es ist ein kleiner Unterschied, der aber viel aussagt über das gute ökumenische Miteinander der Christen in Albachten.

„Gemeinsam priesen sie alle den barmherzigen Gott ..."
2 Makkabäer 11,9

Selig sind die Hörenden, denn sie werden etwas läuten hören

Die notwendige Narrenfreiheit

Als Kaplan in Freckenhorst beschäftigte man sich natürlich auch mit der Geschichte dieses berühmten Stiftes. Wichtigste Äbtissin war Claudia Serafia von Wolkenstein. In der Barockzeit hielt sie als Äbtissin Hof und zu diesem gehörte auch ein Hofnarr. Der Kommentar eines Rheinländers bei einer Kirchenführung lautete: „Fürchterliche Vorstellung – Narr in Westfalen sein zu müssen." Man mag den Kopf schütteln über das Erscheinungsbild von Kirche in dieser Zeit, ABER (und das ist jetzt absichtlich groß geschrieben) ich halte dieses Amt für eines der wichtigsten überhaupt, und es ist tragisch, dass dafür weder Geld noch Gespür übrig ist! Warum? Sogenannte „Höfe" gibt es immer noch, selbst wenn sie nicht mehr so heißen. Nicht nur bei der Regierung, sondern auch in großen Verwaltungen, Betrieben, Firmen und selbstverständlich bei der Kirche gibt es solche Höfe. Wer sagt in einem solchen Unternehmen dem Chef oder der Chefin, wie er/sie wirkt, wer hält einen Spiegel vor? Es entsteht unausweichlich ein ganz besonderes Binnenklima in größeren Unternehmen und ein Narr – klar, es darf auch eine Närrin sein – ist jemand, der frischen Wind bringt. Wer traut sich denn, ungeschützt zu sagen, was viele denken? Welche Chefin fragt nach der wirklichen Meinung? Und welcher Angestellte kann oder darf sie dann frei heraus sagen? Der Narr sagte, was viele nur zu denken wagten. Das Amt fehlt allenthalben, auch in der Kirche. Man stelle sich vor, ein Satiriker würde an der Bischofskonferenz teilnehmen und sich hin und wieder einmischen? Das ginge übrigens auch schon ganz gut bei einer Pfarrerkonferenz, einem Pfarrgemeinderat oder einem Kirchenvorstand. Es würde allen gut tun.

„Unterwirf dich nicht einem törichten Menschen und ergreif nicht Partei für einen Mächtigen!" Jesus Sirach 4,27

Niemand zwingt uns, Fehler zu wiederholen

Nur wenige Häuser von mir entfernt wohnt ein Mitbruder, der noch nie in unserer Kirche die Messe gefeiert hat. Sie kennen ihn vielleicht vom Sehen, denn er ist allemal leichter als Priester zu erkennen als ich: Er trägt immer die Soutane, den langen schwarzen Talar mit den 33 Knöpfen. Es handelt sich dabei um einen Pater aus der Piusbruderschaft, also einen Piusbruder. Er gehört seit etwa zwei Jahren zu unserer Gemeinde, bekam den Neubürgerbrief und bedankte sich dafür umgehend bei seinem Pfarrer, also mir, und gab noch eine großzügige Spende für die Gemeindecaritas dazu. Inzwischen haben wir uns einige Male getroffen: im Pfarrhaus, in der Kirche und zum Essen. Seine Essenseinladung an mich kommentierte er mit den Worten: „Oder darfst du dich mit mir nicht in der Öffentlichkeit zeigen?" Wir reden und wir lachen miteinander und wir sprechen über die Situation in seiner Bruderschaft und unserer Kirche. Wir versuchen nicht, den anderen von der eigenen Meinung zu überzeugen, aber wer weiß, wozu gute Begegnungen noch alles führen. Denken wir nur an das Verhältnis von katholischer und evangelischer Kirche, wie es heute ist und wie es war! Niemand zwingt uns, unsere Fehler zu wiederholen. Beginnen wir die Ökumene, wo immer sich uns die Chance dazu bietet.

„Du aber kehr um und bring deine Brüder in Liebe und Treue zurück!" 2 Samuel 15,20

Ich habe da was läuten gehört

Eine Zeit lang beschwerten sich Anwohner über das zu laute und zu lange Läuten unserer Glocken. Die Bebauung um die Kirche ist schon sehr dicht und wer auf Höhe der Glockenstube wohnt, der versteht während des Läutens wirklich kaum sein eigenes Wort. Allerdings waren die Glocken in jedem Fall vor den heutigen Bewohnern da. Der Pfarreirat hat aber beschlossen, für Werktagsmessen nur noch fünf statt zehn Minuten zu läuten, wobei die, denen das Läuten nicht gefällt, dennoch den schönsten

Blick auf die Kirche genießen dürfen, die am Abend sogar angestrahlt wird. Einige Zeit später vernahm man sogar gar keinen Ton mehr vom Turm, denn die Glocken bekamen neue Klöppel und eine neue Aufhängung (von Stahl auf Eiche). Von zumindest einer Person hörte ich in dieser Zeit, dass das aber auch nicht gut sei, so gar keine Glocke mehr, denn er habe jetzt den Bus zur Arbeit verpasst, da der „Hinweiston" nicht gekommen war. Zu Weihnachten läuteten die Glocken wieder, sogar weicher und schöner. Ob jedoch die Botschaft, von der sie „sprechen", ankommt – GOTT IST MENSCH GEWORDEN –, das hängt an denen, die sie hören, und entscheidend an denen, die sich unter ihrem Klang in der Kirche versammeln. Wir sind die Botschafter/innen der guten Nachricht. Wenn auch die Glocken kürzer läuten, lassen Sie uns um so lauter davon reden, wovon sie künden!

„Und die Augen der Sehenden werden nicht mehr verklebt sein und die Ohren der Hörenden werden aufhorchen."
Jesaja 32,3

Für die Menschen bestellt

Die Kinder, die sich auf die Tauferinnerung vorbereiten, machen in der Vorbereitungszeit auch einen Besuch im Pfarrhaus. Dort sollen sie erfahren, dass Kirche nicht nur das Gebäude ist, sondern dass sich mehr damit verbindet. So lernen sie auch die Mitarbeitenden im Pastoralteam kennen, die Pfarrsekretärinnen, hören von der Caritasarbeit im Sozialbüro, von der offenen Jugendarbeit, und sehen, wo und wie der Pfarrer wohnt.

Einmal standen gleich im Eingangsbereich mehr als 100 Playmobilfiguren, die von der Krippe von vor zwei Jahren übrig geblieben waren. Ein Kind fragte, warum die vielen Figuren denn da stehen. Sofort meldete sich ein anderes zu Wort und sagte: „Die Figuren stehen da, damit alle, die hier im Pfarrhaus arbeiten, nicht vergessen, dass sie für die Menschen da sein sollen!" Diese schöne Deutung aus einem Kindermund zu den Spielfiguren wird diejenigen, die im Hause leben und arbeiten, sicher auf eigene Weise immer wieder daran erinnern, wozu wir bestellt und berufen sind.

„... aus den Menschen genommen und für die Menschen eingesetzt ..." Hebräer 5,1

Jeder kehre vor seiner eigenen Türe

Unser Bischof hatte zum Ende des Priesterjahres die Priester seiner Diözese zu einem gemeinsamen Tag nach Xanten eingeladen. Etwa 250 waren gekommen zu Gebet, Begegnung, Impuls und Gottesdienst. Während des Gottesdienstes klingelte genau vier Mal ein Handy. Das war zumindest für mich der absolute Rekord. Kein Weihnachtsgottesdienst, keine Erstkommunion, Hochzeit oder Beerdigung mit vielen der Kirche fernstehenden Christen hat diese Quote jemals geschafft. Hier und da mal ein kurzes Klingeln, aber gleich vier Mal in einer Messe, dafür muss man schon viele Priester in einer Kirche versammeln! Ein Foto von einer Messe beim Weltjugendtag in Sydney zeigte zehn Bischöfe, von denen drei einen Fotoapparat neben dem Kreuz über dem Messgewand hängen hatten und zwei mit der Mitra auf dem Kopf telefonierten. Nach solchen Bildern und Erlebnissen gehe ich viel entspannter in jeden Gottesdienst mit den Menschen, die vielleicht nicht genau wissen, was wir tun, denn: Wo wollen wir da noch die Grenze ziehen, wenn selbst Priester und Bischöfe den Eindruck vermitteln, sie wüssten nicht mehr genau, was sie da tun?

„Darum wird es wie dem Volk so dem Priester ergehen: Ihn suche ich heim für sein Verhalten." Hosea 4,9

Kindermund tut Wahrheit kund

Die Kinder in unseren Kindergärten beschäftigen sich auch mit den unterschiedlichsten Themen des Glaubens. So kam es in einer Stunde zu der Frage: Wo wohnt Gott? Ein kleines Mädchen, gerade erst mit knapp drei Jahren in den Kindergarten gekommen, allerdings mit unserer Kirche sehr wohl vertraut, sagte, es wisse, wo Gott wohne. Daraufhin wurde sie gebeten, es doch allen zu sagen: „Wo wohnt Gott?" – „Gott wohnt bei mir, in meinem Zimmer!", lautete ihre Antwort. Wäre Ihnen diese Antwort auch eingefallen? Wenn ich ehrlich bin, mir nicht. Aber ich finde sie noch besser als die Antwort, die mir eingefallen wäre. Was hätten Sie gesagt?

„Aus dem Mund der Kinder und Säuglinge hast du ein Bollwerk errichtet." Psalm 8,3

Einen Rhythmus finden

Der Einstieg in den FASTElovend* geht mir einfach leichter von der Hand als der in die FASTEnzeit. Wenn man jetzt eine wertende Gegenüberstellung der beiden Zeiten macht, dann kann die Liste der Vorteile der Erstgenannten recht lang werden: Humor, Freude, Gesang, Begegnung – Besinnung, Stille, Konzentration, Umkehr. Es geht allerdings nicht um eine Gegenüberstellung, sondern um die Ergänzung der beiden Zeiten. Gäbe es nur die eine, es würde langweilig und wäre irgendwann nicht mehr zum Aushalten. Beide kennen einen Einstieg. Wird am 11.11. der Countdown kurz vor 11:11 Uhr gezählt, geht es am Aschermittwoch doch ruhiger zu mit dem Empfang des Aschenkreuzes. Das Ende der beiden Zeiten hingegen ist ähnlich. Am Karnevalsdienstag wird der Nubbel verbrannt und am Ende der Fastenzeit flammt das Osterfeuer auf. Und dazwischen wird gelebt, vom 11.11. bis Aschermittwoch, von Aschermittwoch bis Ostern und von Ostern bis zum 11.11. Wir können auch andere Rhythmen aufzählen, doch entscheidend ist, dass unser

Leben im Verlauf des Jahres überhaupt einen Rhythmus hat oder ihn wiederfindet. Die Fastenzeit ist dabei sehr hilfreich, um einiges zu verändern: was zu weit nach hinten gerückt ist, nach vorne holen, und anderes dafür etwas zurückfahren. Das ist gut, aber es fällt mir nicht leicht und deshalb kann ich nur sagen: siehe oben!
*Kölsch für Karnevalszeit

„Ruft ein Fasten aus ..." 1 Könige 21,9

Guter Rat

In letzter Zeit bin ich öfter mit der Bahn gefahren. Die Wartezeit vor Abfahrt des Zuges verbringe ich dann ganz gerne in einer Bahnhofsbuchhandlung. Wie bei jeder Buchhandlung gibt es verschiedene Abteilungen. Gleich im Eingangsbereich finde ich meist eine, die mich ratlos macht, obwohl es sich um die Abteilung „Ratgeber" handelt. Tische und Regal sind voll mit allen möglichen Ratgebern. Dabei handelt es sich keineswegs um Ernährungs- oder Sportratgeber, sondern um Bücher, die sich esoterisch, philosophisch, religiös oder menschlich mit der Sinnfrage beschäftigen. Nun mag es ja gerade auf Bahnhöfen mehr orientierungslose Menschen geben als an anderen Orten. Mich jedoch verwirrt die Vielzahl der Ratgeber und macht mich eher ratlos. Aber es scheint eine große Nachfrage zu bestehen. Ich wende mich seitdem in der Wartezeit lieber der Abteilung „Postkarten" zu und

da besonders denen mit mehr oder weniger klugen Sinn-
sprüchen. Was an anderer Stelle in dicken Büchern steht,
dass lässt sich hier in Kurzform finden. Besonders gefallen hat mir der Spruch: „Man sollte manchmal einfach ein
paar Dinge von der ‚to-do-Liste‘ auf die ‚was-solls-Liste‘
setzen." Mit zunehmendem Alter wird die erste Liste ab-
gearbeitet und die zweite länger. Macht beides Spaß!

*„Suche nur bei Verständigen Rat; einen brauchbaren Rat-
schlag verachte nicht"* Tobit 4,18

Sonntagsruhe

Das Erste, was ich vom Sonntag mitbekomme, ist – Ruhe!
Egal wo ich in den letzten Jahrzehnten gewohnt habe,
wenn ich morgens die Augen aufmache, kann ich hören,
ob wir Sonntag (Feiertag) haben oder einen Werktag.
Über die Stadt hat sich Stille ausgebreitet. Kinder gehen nicht in Kindergärten und Schulen, nur wenig Erwachsene fahren zur Arbeit, es herrscht weniger Verkehr.
Das ist ein Moment, den ich immer wieder genieße und
der für mich der ideale Einstieg in diesen Tag ist. Am
Sonntag ist es ruhiger als an Werktagen. Dann mache
ich auch kein Radio an, wenn ich aufstehe. Manchmal
schaffe ich es, diese Ruhe mit durch den ganzen Tag zu
nehmen, selbst wenn ich zu denjenigen gehöre, die an
diesem Tag arbeiten. Meine Arbeit ist jedoch eine, die
den anderen Menschen ein Stück dieser Ruhe vermitteln

soll. Das spricht keineswegs gegen Lebendigkeit, auch im Gottesdienst. Aber das ganze Drumherum ist einfach etwas langsamer, weniger, stiller – ich finde es schön und genieße es!

„Sechs Tage darfst du schaffen und all deine Arbeit tun. Der siebte Tag ist ein Ruhetag, dem Herrn, deinem Gott geweiht." Exodus 20,9f.

Eine Minute der Besinnung

Wenn Sie außerhalb eines Gottesdienstes einmal in unsere Kirche kommen, dann können Sie seit einiger Zeit dort etwas hören. Über eine Anlage wird dezent Musik eingespielt, die alle paar Wochen gewechselt wird. Bei der Auswahl wird versucht, die Jahreszeit bzw. das Kirchenjahr mit zu berücksichtigen. Nicht immer handelt es sich dabei um „fromme" oder „alte" Musik. Gleich zu Beginn dieser Aktion im Advent des letzten Jahres lief dort eine Komposition von Arvo Pärt, der die sieben O-Antiphonen der Adventszeit wunderbar vertont hat. Ich kenne wenigstens zwei Gemeindemitglieder, die sich daraufhin die CD gekauft haben. Demnächst wird es wieder etwas ganz Modernes geben: „Music for Airports" von Brian Eno. Die Musik soll ein wenig die Funktion eines Filters haben, denn durch die laute Durchgangsstraße ist es nie leise in unserer Kirche. Die Bedenken gegen eine solche Aktion sind bekannt, aber wenn man das Fürbittbuch hinten in der Kirche durchblättert, dann findet sich dort so mancher Eintrag, der die leise Musik lobend erwähnt und als angenehm empfindet. Kommen Sie beim Spaziergang oder auf dem Weg zum Einkauf doch rein und gönnen sich eine Minute der Besinnung!

„Richtet euren Sinn auf das, was oben ist, nicht auf das Irdische!" Kolosser 3,2

Ehrliche Kritik

Am 20. Januar war ich anlässlich des Patronatsfestes in meiner zweiten Gemeinde St. Sebastian. Tags darauf sprach mich eine Dame im Pfarrbüro unserer Gemeinde an und sagte: „Herr Pastor, das hatte ich mir schon fast gedacht, dass Sie an diesem Tag in St. Sebastian sind. Das ist ja auch richtig so! Und wissen Sie, mir ist lieber, Sie gehen zur Vertretung in andere Gemeinden, als dass Sie nur zur Vertretung bei uns in Albachten sind!" So ein Kompliment tut richtig gut. Da kann man doch gleich ein bisschen von zehren – den Tag über und vielleicht noch die nächste Zeit.

Gar nicht lange später ging es in einer Pfarrgemeinderatssitzung hoch her. Ich will Ihnen auch sagen, weshalb; es ging um eine Predigt. Da waren einige damit nicht einverstanden und haben mir das auch gesagt. Auch das fand ich gut, denn eine gut vorgetragene Kritik hat sogar etwas von einem Lob, denn: 1. da traut man jemandem zu, dass er Kritik vertragen kann; 2. da weiß man, dass er es besser kann; 3. da gibt es eine Atmosphäre von Ehrlichkeit.

„Wenn ein Verständiger ein weises Wort hört, wird er es loben und ein neues hinzufügen." Jesus Sirach 21,15

Wie ein besserer Mensch

Ein mir bekanntes junges Paar, er Brasilianer, sie Polin, hat sein erstes Kind bekommen. Ich besuchte die Eltern, die in Münster in der elften Etage auf 45 qm mit Kind und großem Hund leben. Trotz ihrer Herkunft aus sehr katholischen Ländern leben sie mehr in einer Welt, in der die Kirche nicht einmal am Rande vorkommt. Als wir uns am Aufzug verabschiedeten, sagte die junge Mutter ganz unvermittelt: „Wenn ein Priester zu Besuch war, fühlt man sich doch gleich wie ein besserer Mensch!" Ich weiß nicht, wie viele Etagen weit man mein Lachen hören konnte. Dabei habe ich die junge Frau keineswegs ausgelacht, denn ich meine, sehr wohl verstanden zu haben, was sie mit diesem Satz ausdrücken wollte. Es lässt sich kaum in Worte fassen und hält einer logischen Betrachtung nur schwer stand. Doch will ich versuchen, den Menschen so zu begegnen, dass sie jenes Gefühl, das sich darin ausdrückt, nachempfinden können.

„Deine Priester sollen sich in Gerechtigkeit kleiden."
Psalm 132,9

Selig sind die Betenden, denn sie nehmen die Welt mit ins Gebet

Action, action

In der Sakristei der Friedhofskapelle traf ich Kaplan Z., der unter anderem auch Seelsorger für die rumänisch-katholischen Christen in der Diözese Münster ist. Im Gespräch erzählte er von einem Telefonat mit einem Mitbruder in Rumänien. Als dieser hörte, was Kaplan Z. alles in Deutschland zu tun habe, fragte er: „Arbeitest du in einer Fabrik oder in der Kirche?" Wir haben darüber zwar gelacht, doch fühlte ich mich auch ganz persönlich ertappt. Ein Weihbischof zitiert gerne einen afrikanischen Priester mit dessen Eindruck von unserer deutschen Kirche: „Action, action, no reflection" (Aktion, Aktion, keine Besinnung). Beide Bemerkungen legen den Finger in eine Wunde, denn wir gestalten als deutsche Christen natürlich eine deutsch geprägte Kirche und – ich formuliere es mal positiv – wir sind stärker im Organisieren als im Besinnen. Oder wenn wir es mit den Worten der Regel des heiligen Benedikt „ora et labora" (bete und arbeite) sagen, dann wird bei uns das Wort „labora" aber bestimmt größer geschrieben als das Wort „ora". Und wenn ich das lese, dann schlage ich mir auch an meine Brust.

„Betet für uns! ... Eindringlich bitte ich euch, dies zu tun ..." Hebräer 13,18f.

Anders machen reicht nicht – es muss auch besser werden

Im vergangenen Jahr sind wir an Fronleichnam neue Wege gegangen und das im wahrsten Sinne des Wortes. Die Erlebnisse, die wir in den Jahren vorher gemacht haben, veranlassten den Pfarrgemeinderat dazu, denn mit einer kleinen Gruppe waren wir durch absolut menschenleere Straßen gezogen. Nach der guten Erfahrung im letzten Jahr werden wir es auch in diesem Jahr wieder so machen. Was haben wir verändert? Am Mittwochabend nach der Abendmesse um 20 Uhr gibt es eine mit Musik, Texten und Stille gestaltete Zeit vor dem Allerheiligsten: Vor der Kirche stehen Tische, gibt es eine Kleinigkeit zu essen und zu trinken und der Abend endet mit der Komplet in der Kirche. Am Donnerstag wird es eine Prozession geben, aber nicht hinter dem Allerheiligsten her, sondern vielmehr zum Allerheiligsten hin. Dieses wird nach dem Hochgebet und vor der Kommunion in der Monstranz vor den Altar gestellt und alle sind eingeladen, wie am Karfreitag das Kreuz, jetzt den Herrn in der Monstranz zu verehren und anschließend unter beiderlei Gestalten zu kommunizieren. Es war so beeindruckend zu sehen, wie alte Menschen sich verneigten, andere sich hinknieten, Eltern die kleinen Hände ihrer Kinder auf den Fuß der Monstranz legten und einige in Stille ihre Hand auf die Mitte legten, dahin, wo die Hostie, der Leib Christi, sich befindet. „Ich habe noch nie so viele Männer mit Tränen in der Augen gesehen!", sagte eine langjährige Kommunionhelferin nach der Messe.

„Lasst nicht nach im Beten; seid dabei wachsam und dankbar!" Kolosser 4,2

Ich habe Ehrfurcht vor schneeweißen Haaren

Während meiner Zeit als Pfarrer in Heilig Kreuz spendete ich ein Sakrament viel öfter als in den 17 Jahren davor: das der Krankensalbung. Das evangelische Krankenhaus und einige evangelische Senioreneinrichtungen lagen auf unserem Pfarrgebiet. In eine von diesen Einrichtungen wurden wir Priester immer wieder zu Kranken und Sterbenden gerufen. Die Angehörigen baten darum, aber auch der Leiter, Herr K., hatte ein aufmerksames Auge für die Sterbenden in seinem Haus. Bei jedem Versehgang begleitete er den Priester und betete zusammen mit den Anwesenden. Wenn es die Zeit eben zuließ, dann begleitete er auch die Verstorbenen auf dem letzten Weg bei der Beerdigung. Das finde ich in höchstem Maße erwähnenswert, denn es sagt viel darüber aus, in welchem Sinne in einer solchen Einrichtung nicht nur gearbeitet, sondern mit den Menschen gelebt wird, bis zum letzten

Atemzug und im christlichen Sinne sogar darüber hinaus. Da ich keine Kinder habe, gehe ich davon aus, dass auch ich im Alter einmal in einer solchen Einrichtung meine letzten Tage verbringen könnte, und dann wünsche ich mir eine mit einer solchen Leitung und einem solchen Geist.

„Du sollst vor grauem Haar aufstehen, das Ansehen eines Greises ehren und deinen Gott fürchten." Levitikus 19,32

Von Generation zu Generation

Von einer unbekannten Person bekam ich einen Zettel für das Pfarrarchiv zugeschickt. Dabei handelte es sich um „Weisungen für die Kirchenbesucher von Hl. Kreuz an den Sonn- und Feiertagen morgens bei eventuellem Fliegeralarm während des Gottesdienstes". Wie ergeht es Ihnen, wenn Sie so etwas lesen? Sicherlich fallen die Antworten unterschiedlich aus, je nach Jahrgang. Ich denke dann sofort an meine Großmutter. Jeden Samstag gab es um zwölf Uhr Probealarm durch die Sirenen auf öffentlichen Gebäuden. Es konnte passieren, dass sie sich dann plötzlich die Ohren zuhielt und leise sagte: „Aufhören, aufhören!" Wir Enkel konnten nur ahnen, was in diesen Momenten in ihr vorging, und ich denke daran, wie sie erzählte, dass sie im Bunker während der Angriffe ohne Unterlass beteten „Hilf, Maria, es ist Zeit, hilf, Mutter der Barmherzigkeit ..." Dies ist auch eines meiner Gebete geworden, weil ich mich dann mit meiner Großmutter und ihrer Geschichte verbunden weiß. Daran denke ich, wenn ich Geschichten vom Krieg höre – und bin immer ein bisschen traurig und auch sehr dankbar für den Frieden.

„Sie erheben nicht das Schwert, Nation gegen Nation, und sie erlernen nicht mehr den Krieg." Jesaja 2,4

Das geht, aber es geht auch nicht

Ich wohne zwar allein in meiner Wohnung, aber zusammen mit einem afrikanischen Mitbruder und einigen Studenten im Pfarrhaus. Wir treffen uns morgens und beten zusammen die Laudes, das Morgengebet der Kirche. Der Mitbruder hat seine schriftliche Deutschprüfung so glänzend bestanden, dass ihm die mündliche Prüfung erlassen wurde, aber in den alten Gebeten der Laudes gibt es doch auch einige „alte" Wörter, über die er stolpert. Diese versuche ich, ihm nachher zu erklären. So gab es zum Beispiel die ungewöhnliche Formulierung: „Es ziemt sich nicht". Ich versuchte mich also an einer Erklärung, er hörte zu und fragte dann: „Man könnte also statt ‚es ziemt sich nicht' heute sagen ‚es kommt nicht in Tüte'?" Das ist zweifelsohne richtig, das kann man so sagen, selbst im Bundestag. Wir waren uns jedoch einig, dass eine solche Formulierung in einem Gebet eigenartig klingen würde. Ja, manchmal klingen unsere Gebete eigenartig, nicht nur für Menschen, die unsere Sprache erst lernen müssen. Manchmal klingen sie auch eigenartig für uns selber. Allerdings ganz alltäglich, das klingt auch nicht. Irgendwo dazwischen liegt wohl der richtige Weg, und überzeugend werden die Worte unserer Gebet letztlich doch erst durch uns, wenn wir sie so aussprechen, dass man uns glaubt, was wir sagen.

„Jubelt im Herrn, ihr Gerechten, den Redlichen ziemt der Lobgesang." Psalm 33,1

Es liegt in unseren Händen

Mein Umzug in die Innenstadt führt bei mir selber immer wieder zu Irritationen, die sogar z.T. durch die Kirchen ausgelöst werden. An Sonn- und Werktagen höre ich morgens und abends Glockengeläut. In den fast 23 Jahren meines priesterlichen Wirkens am Stadtrand kam das Geläut immer nur von der Pfarrkirche. Das ist nun ganz anders. In meiner jetzigen Wohnung in der Stadt höre ich andauernd Glocken und erschrecke manchmal leicht, da ich befürchte, einen Gottesdienst vergessen zu haben (aber ich werde mich wohl dran gewöhnen). Erstaunlich ist aber auch die Tatsache, wie viele Gottesdienste jeden Tag in dieser Stadt gefeiert werden. Vor einem Jahr war ich im niederländischen Roermond im Dom und konnte dort am Ausgang lesen, dass dieser in den Wintermonaten von Montag bis Samstag geschlossen bleibt. Ein Dom

106

ohne – und jetzt kommt nicht „ohne Messen", sondern viel schlimmer: ohne Gebet. Die Messfeier hängt theologisch am Priester, das Gebet NICHT!!! Von Jahr zu Jahr werden wir weniger Priester. Ob dann auch weniger geläutet wird, weil weniger gebetet wird, das hängt nicht von der Zahl der Priester ab, sondern davon, ob es Christen gibt, die sich zum Gebet versammeln.

„Ihr werdet mich anrufen, ihr werdet kommen und zu mir beten und ich werde euch erhören." Jeremia 29,12

Mit dem Fahrrad durch die Kirche

Es gibt etwas, dass gehört seit vielen Jahren zu einem Sommersonntag dazu. Wo ich im Umfeld von Münster auch wohne, ich fahre mit dem Fahrrad bei schönem Wetter in die Stadt und einmal die ganze Promenade entlang. Seitdem ich in der Innenstadt wohne, genieße ich diese Strecke in Etappen bei jedem Wetter. Besonders wenn die Bäume sich wieder belauben, habe ich dabei eine bestimmt Assoziation: „Fahrradfahren wie in einer gotischen Kirche!" Die Promenade ist mit einer Viererreihe von großen Bäumen bepflanzt und es sieht so aus, als gäbe es ein Haupt- und zwei Seitenschiffe – und mitten durch das „Hauptschiff" fahre ich mit dem Rad. Ich bin übrigens noch nie in einer Kirche mit einem Rad gefahren. Ich käme dort auch gar nicht richtig auf Touren so wie auf der Promenade. In einer Kirche will ich übrigens auch gar nicht auf Touren kommen. Ganz im Gegenteil, da will ich viel lieber zur Ruhe kommen. Und so hat alles sein Gutes und sein Schönes. Und vielleicht ist es Ihnen ja auch schon aufgefallen – es ist wirklich ein wenig wie „Fahrradfahren in der Kirche" – und man kann sogar dabei beten.

„Die Räder bewegten sich zugleich mit den Kerubim und die Herrlichkeit des Gottes Israel war über ihnen."
Ezechiel 11,22

Zeichen der Verehrung

Im Vorbeigehen durch die Kirche in die Sakristei war er sofort zu sehen: ein schöner Strauß roter Rosen. Jemand hatte die Rosen an die Pietà gelehnt, die neben dem Sakristeieingang in der Kirche auf einem Altar steht. Ich habe die Blumen in eine Vase gestellt. Geschicktere Hände als meine haben sie dann noch einmal schön arrangiert und auf den Altar vor die Pietà platziert, dahin, wo dieser Jemand sie haben wollte. Ein schönes Zeichen der persönlichen Verehrung. Selbst wenn im Altarraum und auf den Seitenaltären eine gestalterische Formensprache vorgesehen ist, für die persönliche Verehrung in Form von Blumen sollte immer noch Platz sein. Unser großer Kirchenraum lebt durch uns Menschen und die Zeichen, die wir darin setzen, auch durch Blumen, die jemand an bestimmte Stellen legt.

„Wenn du deine Opfergabe zum Altar bringst [...]; geh und versöhne dich zuerst mit deinem Bruder [...]"
Matthäus 5,23f.

Öffentlich zugänglich

Ich wohne zur Zeit in zwei Zimmern bei Benediktinerinnen in Köln. An der Straßenseite der Klostermauer ist ein Schild angebracht vom sogenannten Kulturpfad, der im Stadtteil auf besondere Orte und Gebäude aufmerksam macht. Auf diesem Schild ist ein grammatikalischer Fehler, heißt es da doch: „In der Kapelle, die nur der Öffentlichkeit zugänglich ist ..." Strenggenommen steht da also, dass die Schwestern die Kirche nicht betreten dürfen. Gemeint ist natürlich, dass „nur die Kapelle" für die Öffentlichkeit zugänglich ist. Aber sei es drum – wichtig ist, dass eine Kirche ohne Einschränkung für jeden Menschen zugänglich ist. An der Kirchentüre wird niemand nach seinen Motiven gefragt, alle sind vorbehaltlos willkommen. Schön, wenn die Glaubenden allen Eintretenden auch ein Zeugnis von ihrem Glauben geben, sei es vor oder hinter der Türe, denn als Kirche sind wir hoffentlich nicht nur öffentlich, sondern auch zugänglich.

„Im ersten Jahr seiner Regierung, im ersten Monat, öffnete Hiskija die Tore des Hauses des Herrn und setzte sie wieder instand." 2. Buch der Chronik 29,3

Die langen Nächte

Selbst wenn allenthalben über öffentliche Verkehrsmittel geklagt wird (Preise, Pünktlichkeit, Sauberkeit, Fahrrouten u.a.), sie haben zweifelsohne ihr Gutes. Wenn ich es eben einrichten kann, dann fahre auch ich mit dem Bus in die Stadt, denn die Linie 15 fährt direkt um die Ecke ab. So stehe ich vor einigen Wochen an der Haltestelle und komme mit einem Herrn ins Gespräch. Wir kennen uns vom Sehen aus den Gottesdiensten am Sonntag. Er ist auf dem Weg zur Arbeit. Für ihn heißt das Objektschutz die ganze Nacht hindurch. Ich mache zwar auch schon mal gerne die Nacht zum Tage, aber dann heißt das bei mir nicht „Arbeit". Im Gespräch fragte mich dann besagter Herr, ob ich nicht einen Rosenkranz für ihn übrig hätte. Die Nächte seien so lang, er habe seinen letzthin verloren und er würde ihn auch bezahlen. Wer kann dazu schon nein sagen? Aber Geld wollte ich nicht annehmen. Vielmehr sollte er einen Rosenkranz für unsere Gemeinde beten – so hin und wieder. Er war einverstanden und der Deal war geritzt. Er hat inzwischen den Rosenkranz und ich schlafe sogar etwas besser seit dieser Zeit, denn ich weiß, dass auch in der Nacht jemand für uns betet. Schönen Dank!

„Betet ohne Unterlass!" 1 Thessalonicher 5,17

„Hi Gott!"

Hinten in unserer Kirche liegt ein Fürbittenbuch aus. Einmal im Monat werden diese Fürbitten auszugsweise in einem Werktagsgottesdienst vorgelesen und wir verbinden uns im Gebet mit den Bittenden. Die Bitten und Anliegen sind meist persönlich und konkret. Einen Eintrag möchte ich hier den Lesern vorlegen, da aus ihm ein herzliches Verhältnis zu Gott spricht.

„Hi Gott, ich hoffe doch sehr, dass es meiner Oma gut bei dir geht und dass es meiner Maus Jangar, die heute abgegeben werden musste, auch gut geht. Also beschütz mich und alle, die mich mögen (aber auch die, mit denen ich nicht so dicke bin). Ach und beschütz vor allen Dingen meinen Pa, der in Mazedonien ist. Okay? Danke schon mal hier. Ich halte die Ohren steif!" Leute – da wächst Gutes nach in Albachten in der jungen Generation!

„Wenn ihr betet, macht es nicht wie die Heuchler!"
Matthäus 6,5

Aufmerksam beten

Manchmal fahre ich am Sonntagnachmittag zur Vesper zum Dom. So stieg ich letzthin vor dem Dom vom Rad, als vier Jugendliche aufstiegen und dabei aus dem Lachen gar nicht mehr rauskamen. Worüber lachten sie?

111

„Bei uns zuhause machen wir ein Kreuzzeichen und sagen: ‚Im Namen des Vaters und des Sohnes und des Heiligen Geistes‘. Und die im Dom sagen beim Kreuzzeichen: ‚Oh Gott, komm mir zu Hilfe!‘ ... Mein Gott, muss es denen schlecht gehen!", und unter lautem Lachen fuhren sie von dannen. Was hatten sie erlebt? Die Vesper hatte angefangen und zwar mit dem Ruf aus den Psalmen: „Oh Gott, komm mir zu Hilfe!" Ich muss zugeben, für das Ohr von Jugendlichen kann dieser Ruf ziemlich hoffnungslos klingen, wie von einem Ertrinkenden. Daher ist es auch nicht tragisch, dass sie so sehr darüber lachen mussten. Vielmehr freute ich mich zu hören, dass bei ihnen zu Hause etwas anderes gesagt wird, wenn sie das Kreuzzeichen machen. In meinem Beten kommen beide Gebetsformen vor – und ich werde sicherlich öfter an die Jugendlichen dabei denken, für sie beten und immer wieder versuchen, aufmerksam zu bleiben für das, was im Gebet gesagt wird, denn manchmal klingt es schon eigenartig.

„Gott, komm mir zu Hilfe." Psalm 70,2

Selig sind, die das Leben anderer bereichern, denn sie werden selber beschenkt

Gemeinschaft in und vor der Kirche

Vor unserer Kirche gibt es eine Eisdiele, die besonders an warmen und heißen Tagen gut besucht wird. Aber es gibt auch Stammgäste, so aus unserer Gottesdienstgemeinde. Jahraus, jahrein trifft sich dort eine Gruppe älterer Menschen, die nach dem Messbesuch gemeinsam einen Kaffee trinken. Sich selber nennen sie den „Cappuccino-Club". Was diesen Club besonders auszeichnet, ist sein Verhalten zu anderen Menschen. So wurde beispielsweise in einer Osternacht Frau B. getauft, eine Dame aus dem Iran, die langsam Deutsch lernte. Sie wurde untergehakt und aufgenommen in den Club. Als ich einen „Dauergast" aus Japan, den Studenten Toshi W., der Gemeinde vorstellte, da wurde auch er umgehend von dem Club „adoptiert". Eine Dame, die Witwe geworden war, hat ihn eingeladen und er zog aus dem Studentenwohnheim bei ihr ein. Kommunion, d.h. Gemeinschaft, findet eben nicht nur an der „Kommunionbank" statt, sondern auch nach dem Gottesdienst in der Kirche und vor der Kirche und im Cappuccino-Club und in unseren Wohnungen.

„Was wir gesehen und gehört haben, das verkünden wir auch euch, damit auch ihr Gemeinschaft mit uns habt. Wir aber haben Gemeinschaft mit dem Vater und mit seinem Sohn Jesus Christus." 1 Johannes 1,3

Notwendig und doch unverdient

Einige Kinder kamen und wollten mir einen Briefumschlag mit 27,60 Euro in die Hand drücken, verbunden mit dem Kommentar, in den Sommerferien hätten sie Armbänder gebastelt und verkauft. Den Erlös wollten sie nun mir überreichen und ich sollte ihn an bedürftige Menschen weitergeben. Engagement, Absicht und das Vertrauen, der Pfarrer werde das Geld schon richtig verwenden, sind berührend. Dennoch habe ich es nicht angenommen, sondern den Kindern gesagt, sie sollten es selber in Teilbeträgen an Menschen geben, mit deren Not sie auf der Straße konfrontiert werden. Ob so immer „die Richtigen" es bekommen, das können wir nicht wissen, aber wer beim Helfen noch nie reingefallen ist, der hat auch noch nie richtig geholfen. Die Hilfe Gottes, die uns in Jesus Christus erreicht hat, haben wir uns ja auch nicht verdient. Wir bekommen sie unverdient, umsonst, aus Liebe.

„Wende dein Angesicht von keinem Armen ab, dann wird sich Gottes Angesicht nicht von dir abwenden!" Tobit 4,7

Guten Morgen

Wir haben alle unsere Rituale im Verlauf eines Tages und da besonders am Morgen und Abend. Für mich gehört zum Morgen eine Tasse Kaffee und eine Tageszeitung. Damit das nicht zu weltlich klingt für ein Pfarrhaus, sage ich auch, dass ich das Morgengebet aus dem Brevier bete. Zum Kaffee und der Zeitung gehört aber auch unbedingt die Stille, also kein Radio und kein Reden. Doch damit ist es jetzt vorbei. Wenn ich nicht bei angenehmen Temperaturen auf der Terrasse sitze, dann in der Küche zwischen Tisch und Heizung am Fenster. Inzwischen haben einige Schulkinder der benachbarten Grundschule dies mitbekommen und so höre ich immer wieder den Ruf: „Guten Morgen, Herr Pastor!" Die Lektüre wird unterbrochen und wir winken uns zu. Diese Unterbrechung ist eine willkommene, denn sie ruft ein bestimmtes Gefühl hervor, nämlich: „Hier bist du Zuhause". Ja, das ist inzwischen so, dank vieler Menschen – und besonders auch dank der Kinder, die mir einen guten Morgen wünschen.

„Meine Seele wartet auf meinen Herrn mehr als die Wächter auf den Morgen." Psalm 130,6

Zeichen und Worte

Immer wieder werde ich von Menschen um ein Einzelgespräch gebeten. So kam vor Wochen eine junge Frau, die im Kreuzviertel wohnt, meist jedoch in andere Kirchen geht. Sie war auch mal wieder bei uns zum Gottesdienst und fand die Atmosphäre sehr angenehm und ansprechend. Im besten Sinne „ansprechend" fand sie jedoch, dass sie beim Friedensgruß und auch nach dem Gottesdienst von der Dame neben ihr angesprochen wurde. Sie wisse gar nicht, wer das gewesen sei, der Vorname jedoch wäre Monika gewesen. Dann möchte ich an dieser Stelle Monika einmal ausdrücklich danken für das, was sie für das gute Erscheinungsbild der Heilig-Kreuz-Gemeinde getan hat. Oft sind es nicht die großen Konzepte, sondern meist ist es die freundliche direkte Ansprache, die Gemeindeleben gelingen lässt. Was sagt uns das? Es liegt auch in meinen Händen, in meinen Blicken und in meinen Worten, wie unser Gottesdienst und unsere Gemeinde auf andere Menschen wirkt.

„Und der Gott des Friedens wird mit euch sein."
Philipper 4,9

Die Weisheit der Katzen

Wenn Sie bei unserer Gemeinde anrufen, dann werden Sie von einer der beiden freundlichen Sekretärinnen begrüßt und kompetent beraten. Das Sekretariat ist, abgesehen von der Kirche, das Aushängeschild einer Gemeinde, denn dort finden die ersten Kontakte statt. Es ist für alle in einem Team wichtig, diese Stellen kompetent, freundlich und zuverlässig besetzt zu wissen. Bei uns gibt es noch eine dritte Mitarbeiterin in den Büros. Diese ist jedoch ganz anders als die beiden anderen. Sie ist unzuverlässig, launisch und überhaupt nicht effektiv – und dennoch leistet sie einen guten Beitrag zur Atmosphäre im Pfarrhaus. Wenn sie mal Lust hat mitzuwirken, dann verbreitet sie gute Laune oder lädt ein zu größerer Gelassenheit, indem sie einfach nur daliegt und schläft. Oder sie stellt leichter den Kontakt her zu Groß und Klein, indem sie sich streicheln lässt. Sie ist kein Ersatz für die Sekretärinnen, aber sie ist ein Gewinn und kostet die Gemeinde nichts, denn die Kosten für meine Katze trage ich selber.

„Auf ihrem Körper und auf ihrem Kopf lassen sich Fledermäuse, Schwalben und andere Vögel nieder, ebenso auch Katzen." Baruch 6,21 (Es ist die einzige Stelle, wo Katzen in der Heiligen Schrift erwähnt werden.)

Jugend mit Format

Ich stand während der Neun-Uhr-Messe in der Sakristei und schraubte an einem Tisch herum. Vor dem Ende des Gottesdienstes kam ein großer Messdiener aus der Kirche in die Sakristei und verschwand in Richtung Toilette. Ihm war schlecht geworden. „Ja ... gestern ... ich war bei ... und da ..." Sie verstehen schon! In solchen Momenten bin ich einfach total stolz auf unsere großen Messdiener/innen. Ihrem Alter gemäß gehen sie am Samstag auf eine Party und am Sonntag sind sie dennoch meist zuverlässig zum Dienst da. Und jetzt soll mir bloß keiner sagen, dass da die Eltern dahinterstehen und Druck machen. Erstens haben wir keine 18-jährigen Messdiener/innen, die von ihren Eltern geschickt werden, und zweitens fand ich das selber als Jugendlicher ausgesprochen doof, wenn man Format gezeigt oder Stil an den Tag gelegt hatte, dass dann „die Erwachsenen" das sofort mit einem negativen Touch versehen konnten. Nein, der Junge hat Format bewiesen, und er ist nicht der Einzige.

„Ebenso ermahne ich die jüngeren Männer, in allen Dingen besonnen zu sein! Gib selbst ein Beispiel durch gute Taten!" Titus 2,6f.

Was mein Leben reicher macht

Eine große Hamburger Wochenzeitung hat eine Seite, die von den Lesern gestaltet wird. Dazu gehört eine lange Spalte mit der Überschrift „Was mein Leben reicher macht". Darunter werden Sätze oder kurze Hinweise zusammengestellt, die oft zu Herzen gehen. Es sind Erlebnisse oder Begebenheiten, die alle eines gemeinsam haben: Es sind kurze, momentane Situationen, die kein Geld kosten. Vielen Lesern dieser „Lebensbereicherungen" wird es wie mir gehen: Manchmal halte ich kurz inne, schaue vergleichend auf mein Leben und ganz oft muss ich lächeln und fühle mich schon allein dadurch beschenkt, dass anderen so etwas Schönes passiert ist.
In einer Einkaufsschlange erlebte ich einmal, wie eine Käuferin der Kassiererin einen der zwei gekauften kleinen Blumensträußchen beim Rausgehen überreichte mit den Worten: „Für Sie!" Vielleicht waren die bis zum Ende der Schicht mangels Vase schon verwelkt, aber im Herzen blühen solche Erinnerungen viel, viel länger. Ein ähnliches Erlebnis und einen wachen Geist dafür wünsche ich uns allen.

„Es gibt ein Geschenk, das dir nicht nützlich sein wird, und es gibt ein Geschenk, das doppelt zu vergelten ist."
Jesus Sirach 20,10

Das Hohe erniedrigen

Als ich bei meinem letzten Gottesdienst in Albachten die Kirche verließ, standen draußen zahlreiche Kindergartenkinder und jedes überreichte mir eine rote Rose. Ein Junge hatte die Aufgabe bekommen, mich zu segnen. Nachdem ich alle Rosen entgegengenommen hatte, sagte der Junge mit einem Blick auf mich: „Du bist ja viel zu groß, da komme ich gar nicht dran." „Wenn du mich segnen willst, dann knie ich mich auch gerne vor dich hin." Gesagt, getan. Ich kniete vor dem Kindergartenkind, dieses legte mir eine Hand auf den Kopf und – und – und – hatte seinen Text vergessen. Er schaute zum Kindergartenleiter, der ihm aufmunternd zunickte, und sagte dann: „Gott schenke dir eine gute Kirche!" Sicher haben Sie den Versprecher sofort bemerkt: Entweder sollte es heißen „eine schöne Kirche" oder „eine gute Gemeinde". Ich finde aber, dass der Junge es noch besser gesagt, als er es gelernt hat.

„Er ist das Haupt, der Leib aber ist die Kirche." Kolosser 1,18

Papst, Bischof, Kollektant

In den Sakristeien der Kirchen hängen oft Bilder vom Papst, dem Bischof oder früheren Pfarrern. In meiner Heimatgemeinde sah ich vor Kurzem auch ein Foto von

Herrn L. und habe mich darüber sehr gefreut. Herr L. ist 103 Jahre alt geworden und jeder in der Kirche kannte ihn. Ein kleiner, drahtiger, immer freundlicher Herr, von Beruf Briefträger, und Rennradfahrer bis zuletzt. Er kniete in der Sonntagsmesse im Seitenschiff vor dem Tabernakel und sammelte über Jahrzehnte die Kollekte ein. Ich würde zu gerne wissen, welches Vermögen er in der Zeit seines Lebens in den Körbchen eingesammelt hat. Er war eine Institution an Glaubwürdigkeit und Bescheidenheit, freundlich gegen jedermann. Ein Heiliger ohne Heiligsprechung, aber gewürdigt durch ein Foto neben Papst und Bischof. Irgendwann vergessen – nur nicht von Gott, und darauf kommt es an.

„Denn Gott ist nicht so ungerecht, euer Tun zu vergessen und die Liebe, die ihr seinem Namen bewiesen habt."
Hebräer 6,10

Unter Brüdern

Ich habe einen älteren Bruder und eine jüngere Schwester. Wir sind alle Kinder derselben Eltern. Und dann haben wir gemeinsam noch einen weiteren Bruder. Unsere Lebenswege kreuzten sich vor mittlerweile 25 Jahren und er ist das vierte Kind unserer Eltern. Rein äußerlich unterscheiden wir uns stark. Er ist schwarz, denn geboren wurde er in Togo, und er ist Moslem. Scherzhafterweise sagen wir beide voneinander: „Mein Bruder ist ein

Schwarzer." Er bezieht sich dabei auf meinen Beruf, ich mich auf seine Hautfarbe. Doch es gibt noch andere Dinge, die uns verbinden. Wie viele aus meiner Familie ist er Jurist. Und auch wenn unser Vater ihn nicht als Kind erzogen hat, ist er ein Vorbild an Zuverlässigkeit und Pünktlichkeit. Ja, auch der Glaube verbindet uns und wir sind uns sicher, dass er das eigentliche Fundament unserer engen, inzwischen familiären Verbindung ist. Er lebt seinen Glauben an einen Gott in der muslimischen Form, wir in der christlichen. Wir diskutieren übrigens nicht über die Wahrheitsfrage, aber in einem Punkt sind wir uns trotz unterschiedlichen Glaubens einig: Keiner möchte in einen Himmel, in dem kein Platz für den anderen ist.

„Tausche keinen Freund für Geld, schon gar nicht einen leiblichen Bruder für Gold aus Ofir!" Jesus Sirach 7,18

Dem Leben Glanz verleihen

Wenn in Deutschland eine Kirche geschlossen, umgewidmet oder gar abgerissen werden soll, gehen die Emotionen hoch. Ich finde das sehr verständlich. Selbst wenn sich dann Menschen melden, die diese Kirche in den vergangenen Jahren nicht mehr (zu Gottesdiensten) besucht haben. Mit einem solchen Gebäude verbindet sich mehr als reine Nützlichkeit. Gerade für Katholiken ist eine Kirche nicht nur ein Versammlungsort, und die

Tendenz der evangelischen Kirche, ihre Gebäude vermehrt auch außerhalb der Gottesdienstzeiten zu öffnen, ist lobenswert. In manche Kirchen gehen mehr Menschen während der Woche als sich dort am Sonntag versammeln. In den Niederlanden ist man da oft pragmatischer. Umbau oder Abriss berühren die Menschen weniger. In der aktuellen Kulturhauptstadt Europas, in Leeuwarden, kam ich an einer Kirche vorbei, auf deren Tür der Spruch stand „Glitter is always an option" (Glitzer ist immer eine Option/Möglichkeit). Spontan kam mir der Satz der Dichterin Hilde Domin in den Sinn: „Wir essen das Brot, aber wir leben vom Glanz." Ja, das ist auch eine Aufgabe von Kirche, dem Leben in manchen Momenten einen Glanz zu verleihen. Leider war dies hinter der besagten Tür nicht mehr die Aufgabe von Kirche, sondern ein Frisiersalon hatte diesen Raum und diese Aufgabe übernommen. Ich gehe übrigens sehr gerne zum Friseur und nenne diese Besuche immer einen Kurzurlaub. Glitter ist für mich beim Friseur zwar nie eine Option, aber nicht wenige Besuche in Kirchen und Gottesdiensten verleihen meinem Leben hin und wieder einen Glanz.

„Nationen wandern zu deinem Licht und Könige zu deinem strahlenden Glanz." Jesaja 60,3

Eine gute Idee

Kennen Sie das? Man beklagt sich darüber, dass eine Idee von einer anderen Gruppe „gestohlen" wird – und außer klagen darüber geschieht nichts. So manche gute Idee, die aus der Kirche hervorgegangen ist, wurde von anderen Gruppen übernommen und nicht selten dann von der Kirche fallen gelassen. Eine gute Idee finden wir in den Fenstern der Blumengeschäfte häufiger als in den Kirchen: den heiligen Valentin. Am 14.2. ist Valentinstag, der Tag der Verliebten und der Liebe, an dem sich Liebende Blumen schenken. Ist das eigentlich alles, was sich Liebende schenken? An diesem Tag ist es möglicherweise das Bekannteste, aber eigentlich schenken sich Liebende doch etwas anderes: sich selber! Daraus sollten wir doch etwas machen!!!
Daher werden alle Menschen, die sich lieben, am Valentinstag in unsere Kirche eingeladen und im Gottesdienst um 19:15 Uhr werden sie und ihre Liebe dann paarweise gesegnet. Eingeladen sind alle, die verliebt sind; sei es seit einer Woche, einem Monat, einem Jahr oder schon fünfzig Jahre. Doch nicht nur sie sollen als Paar gesegnet werden, sondern sich auch gegenseitig dabei ein kleines Kreuz auf die Stirn zeichnen und dabei dem anderen vielleicht zusprechen: „Ich will ein Segen für dich sein!"
An diesem Tag soll es heißen: Herzlich willkommen alle, die einen anderen lieben, denn ...

„... dazu seid ihr berufen worden, dass ihr Segen erbt."
1 Petrus 3,9

Selig sind die Dankbaren, denn es sind die, die aufmerksamer leben

Sie sind Musik

„Der Ton macht die Musik" – so kennen wir das Zitat und es stimmt. Doch bezieht es sich weniger auf die Musik als vielmehr auf das gesprochene Wort. In der Musik ist der Ton zwar unverzichtbar, aber er macht noch nicht die ganze Musik aus. Es sind eben doch viel mehr Dinge, die die Musik erst gut machen. Vor einige Zeit hat der emeritierte Weihbischof O. unserer Organistin ein ungewöhnliches und sehr treffendes Kompliment gemacht, das ich an dieser Stelle gerne wiederholen und publik machen möchte. Er sagte zu unserer Organistin Frau B.: „Manche Menschen machen Musik, andere Menschen, und dazu gehören Sie, sind Musik!" Dem kann ich mich uneingeschränkt anschließen und weiß, dass dies viele andere Menschen ebenfalls tun würden, die sich immer wieder an Musik erfreuen, besonders wenn sie einen Namen hat.

„Als sie mit ihren Trompeten, Zimbeln und Musikinstrumenten einsetzten …, erfüllte eine Wolke den Tempel, das Haus des Herrn." 2 Chronik 5,13

Mit deiner Hände Arbeit

Bevor die Messdiener/innen sich vor dem Gottesdienst in der Sakristei aufstellen, gibt es noch den Kontrollblick: Haben Talar und Rochet die richtige Länge? Sitzen die auch richtig gerade? Hängt das Kreuz korrekt? Gegen Ende des Gottesdienstes, wenn wir die Kommunion empfangen, kann ich gar nicht anders, als auch die Hände der Messdiener/innen zu sehen. In den allermeisten Fällen sind sie sauber, doch manchmal gibt es noch Schulnotizen in den Handflächen oder auch blätternden Nagellack. In diesen Fällen mache ich dazu nachher in der Sakristei eine kleine Bemerkung wie z.B. am Tisch des Herren dürfen die Nägel ruhig schöner lackiert sein. Doch letzthin stand ein Mädchen vor mir, deren Hände über und über fleckig waren, so als wär die Tintenpatrone geplatzt. Klar machte ich dazu auch eine Bemerkung und sie gab zur Antwort, dass sie das Balkongitter gestrichen habe, darüber fast den Gottesdienst vergessen habe und die Farbe so schnell einfach nicht mehr runtergegangen sei. In diesem Falle habe ich sie natürlich in zweifacher Hinsicht gelobt: 1. für die Hilfe im Haushalt (oder war das ein Anstreichen wie bei Tom Sawyer und dem Gartenzaun?) und 2. dafür, dass sie dann dennoch pünktlich zum Altardienst erschienen ist.

„Wenn du ein neues Haus baust, sollst du um die Dachterrasse eine Brüstung ziehen." Deuteronomium 22,8

Glückliche Menschen kaufen wenig

Jeder Mensch will glücklich sein. Doch im Vergleich mit anderen stellt sich nicht selten das Gefühl ein, diese seien glücklicher, weshalb man sich selber nicht selten unglücklich fühlt. Das Vergleichen mit anderen Menschen ist vom Übel. Vielleicht geht es Ihnen ja auch wie mir. Man sitzt im Ausland in einem Lokal und versteht die Sprache der Menschen nicht, die an den anderen Tischen sitzen. In meiner Fantasie habe ich dann immer die Vorstellung, dass diese Menschen nur Intelligentes, Wichtiges oder Anspruchsvolles von sich geben. Die Wahrscheinlichkeit ist jedoch sehr gering, dass das wirklich so ist. Doch das Gefühl richtet sich eben nicht nach der Wahrscheinlichkeit. Obwohl ich den unverständlich sprechenden Menschen ja etwas Gutes unterstelle – sie seien besonders intelligent –, hilft oft auch ein bisschen Realitätssinn. Nur weil ich sie nicht verstehe, sind die anderen nicht automatisch schon glücklichere Menschen. Es gibt auf dem Büchermarkt viele Ratgeber und Tipps für das Glücklich-Sein. Gefallen hat mir die einfache Aussage: „Glückliche Menschen kaufen nur sehr wenig." Ich wünsche Ihnen ein glückliches Händchen bei der Suche nach dem, was Sie persönlich glücklich macht!

„... selig das Volk, dessen Gott der Herr ist."
Psalm 144,15

Ein Werk der Barmherzigkeit

Herrn N. lernen die meisten Menschen unserer Gemeinde leider erst kennen, wenn sie tot sind. Wie das? Als Herr N. vor fast 15 Jahren in den Ruhestand ging, hat er es sich zur Aufgabe gemacht, bei Beerdigungen die Menschen unserer Gemeinde als Messdiener mit dem Kreuz auf dem Friedhof zu begleiten. So holt er bei Wind und Wetter, bei Sonne und Regen Talar und Rochet aus der Sakristei und fährt mit dem Fahrrad zum Friedhof. Kennen Sie sie noch, die sieben Werke der Barmherzigkeit? Hungrige speisen, Durstige tränken, Fremde beherbergen, Nackte kleiden, Kranke pflegen, Gefangene besuchen, Tote bestatten! Und das letzte Werk ist eben das, dem sich Herr N. gewidmet hat. Die Toten danken es ihm, viele Trauernde sehen es sicher gerne, und ich freue mich, wenn er dem Sarg mit dem hoch erhobenen Kreuz vorangeht. Dank dafür und für die immer gute Laune, wenn es auch noch so stürmt.

„Mit Christus wurdet ihr in der Taufe begraben."
Kolosser 2,12

Grund zum Feiern

Im Kloster der Benediktinerinnen gab es ein schönes kleines Fest. Schwester M. G. beging ihre zehnjährige

Profess, d.h. die Erinnerung an das Versprechen, mit dem sie sich an das Kloster gebunden hat. Warum aber wurde schon das zehnjährige Jubiläum gefeiert? Wenn das alle Schwestern so machen würden, dann käme man aus dem Feiern gar nicht mehr heraus. Bei Schwester M. G. gab es jedoch einen besonderen Grund. Dieses Fest haben nicht nur ihre Ordensschwestern mit ihr gefeiert, sondern es kamen auch ihre vier Kinder, die Enkel und eine Urenkelin. Jetzt wird klar, warum sie dieses Jubiläum gefeiert hat, denn sie ist bereits hochbetagt. Ich gehöre keiner Ordensgemeinschaft an, bin nicht verheiratet und habe keine Kinder, aber vor meinem geistigen Auge zog ein reiches Leben vorbei, geprägt von der Liebe zu einem Menschen, zu den Kindern, Enkeln und Urenkeln, von einer tiefen Bindung an Gott – voll (Wage-)Mut zu Bindungen und Verantwortung bis ins hohe Alter. Respekt und Dank für dieses Lebens- und Glaubenszeugnis.
PS: Kommentar der kleinen Urenkelin, als sie die Schwestern im Habit in die Klosterkirche einziehen sah: „So viele Urgroßmütter!"

„Hast du in der Jugend nicht gesammelt, wie kannst du in deinem Alter etwas finden?" Jesus Sirach 25,3

Lebewohl

Am einem Montag starb unser Vater. Sonntags war er noch mit seiner Enkelin, die ihn nach einem Jahr in Ka-

nada besuchen kam, in der Stadt essen gewesen. Von den beiden gibt es ein wunderschönes Foto, das den 93-jährigen Großvater mit seiner Enkelin zeigt. Am Samstag hatte ich noch mit ihm gefrühstückt und einige Runden Karten gespielt. Begegnungen mit ihm waren Begegnungen mit einem Menschen, der die Gebrechen des Alters mit Geduld und einer Portion Humor trug. Dankbarkeit und Zufriedenheit machten die Besuche bei ihm leicht und freudig. All dies waren Umstände, die wie ein Zugewinn im Alter erschienen, ein Zugewinn für ihn und die Menschen seiner Umgebung. Am Montag nach seinem Tod geleiteten wir ihn zu Grabe und wir taten es selber, d.h. Kinder, Enkel und Neffen trugen den Sarg und senkten ihn ins Grab, einen letzten Dienst, den wir uns nicht nehmen ließen. Es wurde auch kein Meer an Kerzen aufgestellt, sondern nur eine einzige brannte vor dem Sarg: die Osterkerze als Zeichen der Auferstehung. Selbstverständlich stand der Sarg auch in der Kirche vor dem Altar. So war der Mann, Vater und Großvater ein letztes Mal in unserer Mitte und das Gebet, das ich sonst für andere spreche, wurde für ihn gesprochen:
„Dankbar sagen wir ‚Lebewohl'.
Wir empfehlen Cornel Frings besonders deiner Gnade, Gott.
Wir geben dir, Herr, zurück, was du uns gegeben hast;
wie du ihn nicht verlierst, indem du ihn gibst,
so verlieren wir ihn nicht, wenn du ihn zurücknimmst.
Denn so wie du gibst, vermag die Welt nicht zu geben,
oh Liebhaber des Lebens.
Was du gegeben hast, das nimmst du nicht wieder fort,
was dein ist, ist auch immer unser, wenn wir dein sind.

Und das Leben währt ewig und die Liebe ist unsterblich,
und der Tod ist nur ein Horizont,
und ein Horizont ist keine sichere Grenze für unsere
Sicht."

*„Wer im Schutz des Höchsten wohnt, der ruht im Schatten
des Allmächtigen." Psalm 91,1*

Von Generation zu Generation

Als Kinder wohnten wir am Waldrand und verbrachten
viel Zeit im Wald. Im Herbst gab es eine bevorzug-
te Stelle, denn dort standen viele Esskastanienbäume.
Wir taten das, was unsere Eltern verboten hatten: Wir
„knüppelten" die Kastanien von den Bäumen, indem wir
Knüppel in das Astwerk schmissen und so die Esskasta-
nien runterholten. Die andere, verbreitetere Kastanien-
art ist die sogenannte Rosskastanie. Dabei handelt es
sich um einen Baum, der vom Balkan kommt und erst
1576 von Istanbul nach Wien eingeführt wurde. Von dort
ausgehend begann seine Erfolgsgeschichte in Parkanla-
gen und Alleen Westeuropas. Wie sein Name schon sagt,
handelt es sich bei seinen Früchten um ein beliebtes
Pferdefutter und noch beliebter wurden seine Früchte
in der Grundschule, konnte man daraus doch Kastanien-
männchen basteln. Bis auf den heutigen Tag verbinde
ich jedoch noch etwas anderes damit. Mein Großvater
hob im Herbst immer eine Kastanie auf und steckte sie

mit der Bemerkung: „Das ist gut gegen Rheuma!" in die Hosentasche. Laut Wikipedia besitzt die Rosskastanie viele heilende Wirkstoffe, die ihr von meinem Großvater zugeschriebene Wirkung wird jedoch nicht genannt. Dennoch habe auch ich es mir angewöhnt, im Herbst eine Kastanie aufzuheben und einzustecken. Dass ich bis heute kein Rheuma habe, ist kein Beweis für die These meines Großvaters, aber es ist eine schöne Erinnerung. Und irgendwann im Frühling werfe ich die inzwischen vertrocknete Kastanie wieder zurück in die Natur.

„Es gibt keinen guten Baum, der schlechte Früchte bringt ..." Lukas 6,43

Kleines Plädoyer für Europa

Im Auto hatte ich im Armaturenbrett eine schwarze Dose, in der Kleingeld von zehn Cent bis zwei Euro für die Parkuhr gesammelt wurde. Die Dose war meist voll und gab ausreichend Auswahl, je nach Höhe der verlangten Gebühren. Nun stand ich im Urlaub in den Niederlanden an solch einem Parkautomaten und es gab gar keinen Einwurfschlitz für Münzgeld. Wie so häufig in den Niederlanden bestand nur die Möglichkeit der Kartenzahlung. Also stellte ich die Münzendose auf den Automaten und bezahlte mit Karte. Dass ich die Dose dort vergessen habe, fiel erst auf, als ich sie einige Tage später wieder brauchte und ins Leere griff. Die erste Reaktion war Erstaunen, dann das Überlegen, wo sie sein könnte. Ich sah sie vor meinem geistigen Auge genau da stehen, wo ich sie vergessen hatte, ärgerte mich kurz über ca. zwanzig verlorene Euro – und bekam die Kurve, nicht beim Ärger zu verharren oder mich sogar hineinzusteigern. Denn: Was geht es mir gut, dass ich solch einen Verlust finanziell gut verkraften kann – und was für ein Glück, dass wir den Euro haben, denn jetzt kann ein Niederländer auch mit dem gefundenen Hartgeld sich was kaufen. Vor der gemeinsamen Währung konnte man nämlich nur das Papiergeld bei den Banken einwechseln, das Hartgeld wurde nur im Herkunftsland akzeptiert. Ob der Euro in Europa dauerhaft funktioniert, das kann ich nicht beurteilen, aber mir erleichtert er das Leben bei jedem Grenzübertritt.

„Warum bezahlt ihr mit Geld, was euch nicht nährt ...?"
Jesaja 55,2

Grund zur Freude

Was in den Köpfen von Kindern manchmal vorgeht, stellt uns Erwachsene vor nicht immer ganz leichte Aufgaben. Im Familiengottesdienst ging es um das Thema „Freude – worüber freue ich mich?" Diese Frage, den Kindern gestellt, brachte auch die überraschende Antwort: „Man kann sich freuen, wenn man einen Vulkan bekommt!" Erstaunte Blicke folgten ringsum. Welch ein fantasiebegabtes Kind, das sich nicht nur über Eis, Kino etc. freut, sondern auch über einen geschenkten Vulkan! Nun traf ich letzthin die Mutter dieses fantasiebegabten Kindes und es fiel wieder das Stichwort „Vulkan". Und da folgte die Auflösung. Auf dem Heimweg fragte die Mutter das Kind, wie es denn auf diese Antwort gekommen sei, vielleicht durch Tabaluga? „Nein", antwortete das Kind, „Papa hat doch auch schon einen Vulkan bekommen!" Durch mehrmaliges Nachfragen kam die Mutter dann dahinter, dass ihr Kind eigentlich einen Pokal meinte. Na bitte, wer sagt es denn, auch darüber kann man sich freuen, ebenso wie über die Fantasie unserer Kinder!

„Der ganze Sinai war in Rauch gehüllt, denn der Herr war im Feuer auf ihn herabgestiegen." Exodus 19,18

Die gute neue Zeit

Wir haben in unserer Gemeinde eine große Anzahl Männer und Frauen aller Altersgruppen, die als Lektoren/ rinnen einen Dienst in unseren Gottesdiensten übernommen haben. Vor der Messe kommen sie in die Sakristei und viele fragen dann, welche der beiden Lesungen sie nehmen sollen. Nicht dass ich der Bestimmer bin, aber der/die Prediger/in könnten eventuell Bezug nehmen auf einen der Lesungstexte. Also verweise ich auch schon mal auf Frau R. oder Frau H-G., wenn diese predigen. Was mich aber immer wieder erfreut, ist die große

Zahl derer, die sich die Texte für das Wochenende schon zu Hause angesehen hat. Gemeindemitglieder lesen in der Bibel und tragen die Texte im Gottesdienst vor – zumindest ein Punkt, an dem die Gegenwart besser ist als die „gute alte Zeit".

„Darauf nahm er das Buch des Bundes und verlas es vor dem Volk." Exodus 24,7

Selig sind die Großzügigen, denn sie geben auch dem anderen Raum zum Leben

Auch eine Perspektive

Eine Mutter holte ihren Jüngsten aus dem Kindergarten ab. Die Familie wohnt inzwischen in Köln und ich habe sie dort einmal besucht. Auf dem Nachhauseweg teilte der Kleine seiner Mutter mit: „Wenn Pfarrer Frings alt ist, dann nehmen wir ihn zu uns und pflegen ihn!" Nun weiß ich nicht, ob ich schon einen solch pflegebedürftigen Eindruck hinterlassen habe, aber für ein Kindergartenkind ist ein Schulkind ja schon alt und mit über 50 ist man natürlich schon jenseits von Gut und Böse. Die Bemerkung fand ich in jedem Fall anrührend und irgendwie schlafe ich mit dieser Perspektive ein bisschen besser.

„Kind, wenn du etwas hast, tu dir selbst Gutes ..." Jesus Sirach 14,11

Einem geschenkten Gaul

Seit meinem Studium in München gehe ich gerne in die Oper. Damals waren die Stehplatzkarten billiger als eine Kinokarte. Das war zwar ein Grund, aber meine Begeisterung ging darüber weit hinaus und war keineswegs gegen das Kino gerichtet, wo ich auch heute noch gerne hingehe. So stand ich vor einiger Zeit in Essen an der Abendkasse der Oper und fragte nach einer günstigen Karte, wobei ich mir inzwischen schon einen Sitzplatz gönne. Die Dame schaute mich an, blätterte in ihren Unterlagen, schaute auf das Reservierungssystem, schaute mich an – und dann schob sie mir eine Karte zu mit den Worten: „Bitte, die schenke ich Ihnen." Mein erstauntes Gesicht können Sie sich vorstellen. Nach einer Erklärung konnte ich jedoch nicht fragen, denn es warteten noch einige Menschen hinter mir an der Abendkasse. Schließlich in der Oper – im Parkett, wo ich sonst nie sitze – sagte dann die Dame neben mir: „Haben Sie meine Karte geschenkt bekommen? Schön!" Es ergab sich ein nettes Gespräch. Aber eines hätte mich wirklich interessiert: Warum hat die Dame an der Kasse gerade mir die Karte geschenkt? Beim Blick in den Spiegel sah ich eigentlich nicht bedürftig aus. Also einmal ein Anlass, sich über etwas Überraschendes und Unverdientes einfach nur zu freuen.

„Er schenkt Gnade und Herrlichkeit." Psalm 84,12

Auf gute Nachbarschaft

Der SAJ (Sachausschuss Jugend) hatte alle, die sich in unserer Gemeinde für Kinder und Jugendliche engagieren (Bibeltagsteam, Pfadfinder, Messdiener, Kickerturnierteam usw.), zu einem „Dankeschön-Grillen" am Pfarrzentrum Dreifaltigkeit eingeladen. Bei gutem Wetter wurde alles draußen aufgebaut: Bänke, Tische, Grill, Essen und Trinken. Kaum begonnen, erschien eine ältere Dame aus dem Nachbarhaus an der Gartenmauer und winkte eine Verantwortliche zu sich heran. Diese ging zu der Dame und erwartete, was Sie jetzt wohl auch erwarten, nämlich ...!!! Doch was „musste" oder besser „durfte" sie sich stattdessen anhören? – „Ich finde das richtig gut, dass hier Leben im Gemeindehaus ist, dass sich hier Menschen treffen, dass sich hier junge Menschen treffen! Und wissen Sie, wenn Sie sich das nächste Mal hier treffen, dann spende ich Ihnen allen das Grillfleisch!" Was sagt man dazu? Da waren viele sprachlos, und ich bin der Meinung, so etwas muss man weitersagen, weitersagen, weitersagen, denn es macht Mut und Freude, wenn die einen Menschen so etwas sagen und die anderen so etwas erleben.

„Auf, lasst uns die Güter der Jugend genießen ... und die Schöpfung auskosten, wie es der Jugend zusteht." Weisheit 2,6

Unter deinen Schutz und Schirm ...

Im Kreuzviertel gibt es ein Problem: ein Parkplatzproblem. Jetzt denken sicherlich alle an die vielen Autos, die einen der schönsten Plätze der Stadt zu einem leider nicht so schönen Platz machen. Doch es gibt auch ein Fahrradparkplatzproblem und darum geht es diesmal. Vor dem Pfarrhaus gibt es zwei Fahrradständer, die auch gerne in den Abendstunden benutzt werden von den Besuchern der umliegenden Lokale. Kein Problem, denn der Gehweg ist rund um die Gaststätte in den Sommermonaten ohnehin voll mit Menschen und Fahrrädern. Aber auch hinter dem Pfarrhaus stehen Räder. Irgendwann stellte ich fest, dass diese immer mehr wurden, eigentlich erheblich mehr als Bewohner und Mitarbeiter im Haus. Eines Tages „ertappte" ich eine Dame, wie sie ihr Rad dort abstellte. Darauf angesprochen entschuldigte sie sich. Sie wohne einige Häuser entfernt, aber dort habe man ihr ein Rad gestohlen. Jetzt suche sie hier Schutz. So erlebe ich das nicht selten. Menschen nutzen gerne die Möglichkeiten der Kirche, selbst wenn sie sie nicht betreten. Und das finde ich auch ganz in Ordnung.

„Er, der im Himmel wohnt, ist selbst der Wächter und Schützer jenes Ortes ..." 2 Makkabäer 3,39

Gottes Acker

Um alte Kirchen wurde früher oft der Friedhof der Gemeinde angelegt. Eine wunderschöne Idee. Die Heilig-Kreuz-Kirche hatte nie einen Friedhof, weil sie immer mitten zwischen den Häusern lag. Doch so ganz stimmt das nicht. Ein Herr sagte mir, er habe früher selber im Kreuzviertel gewohnt. Als der Hamster der Kinder verstarb, sei die Trauer groß gewesen und die Kinder umgetrieben von der Frage, wo der geliebte Hamster denn beerdigt werden könne. Da die Familie in einer Etagenwohnung lebte, sei man schließlich auf die Idee gekommen, den Hamster in der Nacht an der Kreuzkirche zu beerdigen, und so habe man es dann auch gemacht. Ich vermute einmal, der kleine Kerl ist nicht das einzige Tier, das im Schatten unserer Kirche ruht und so den traurigen Kindern vielleicht eine etwas ruhigere Nacht ermöglicht.

„Unsere Tage zu zählen, lehre uns! Dann gewinnen wir ein weises Herz." Psalm 90,12

Wenn jeder gibt, was er hat

Noch bevor ich in die Wohnung des Pfarrhauses eingezogen bin, habe ich mich bei den Geschäftsleuten rund um den Kirchplatz vorgestellt. So auch in einem kleinen italienischen Lokal, das sich als das älteste seiner Art in Münster bezeichnet. Es war in der Mittagszeit und ich bemerkte, dass häufig Schulkinder hereinkamen und wieder verschwanden. Bei näherer Beobachtung stellte ich dann fest, warum sie kamen. Sie fragten sehr höflich: „Kann ich ein Pizzabrötchen bekommen?" – und alle bekamen eins. Allein an diesem Nachmittag waren es sicher über zwanzig. Ist das nicht großartig? So macht man sich seine zukünftige Kundschaft gewogen. Was für schöne Kindheitserinnerungen werden da begründet! Ich musste spontan an die Bäckerei meiner Kindheit denken, in der wir manchmal „Kuchenränder" bekamen. Hoffentlich haben auch Sie solche unbezahlbaren Kindheitserinnerung.

„Ich will dir ein Stück Brot zum Essen geben."
1 Samuel 28,22

Sag es mit Blumen

In unserer doch ziemlich großen Kirche – immerhin war sie nach dem Krieg die „Ersatzkathedrale" für den zerstörten Dom – ist es nicht leicht, einen wirkungsvollen Blumenschmuck zu arrangieren. Doch wir haben dafür einige höchst kompetente Damen, die ihr Können zur Freude aller in den Dienst der Gemeinde stellen. Aber es bedarf darüber hinaus auch noch eines guten „Geschäftssinnes", damit die Kosten für Blumenschmuck nicht ins Unendliche steigen. An der Stelle muss einfach auch eine andere Dame erwähnt werden, die den vielleicht ungewöhnlichsten Blumenladen der Stadt führt, ganz in der Nähe des Theaters „Pumpenhaus". Nach Ostern bin ich dort vorbeigegangen, um mich persönlich zu bedanken für das große Entgegenkommen. Was soll ich sagen von meinem Eindruck? Es war schon nicht leicht, den Eingang zu finden. Drinnen herrschte ein so herrliches kreatives Chaos mit einer dermaßen ansteckenden Herzlichkeit, dass bei den langen Wartezeiten die zahlreichen Kunden sich bestens miteinander unterhalten haben. Dort bekommen die Menschen nicht nur unschlagbar günstige Blumen, sondern darüber hinaus etwas noch viel Wichtigeres – und das auch noch kostenlos: ein strahlendes Lächeln und freundliche Worte. Davon konnte ich genauso gut leben wie von dem großen Strauß Tulpen, den ich gekauft habe.

„Die Blumen erscheinen im Land, die Zeit zum Singen ist da." Hohelied 2,12

Große Wirkung – kleines Zeichen

Es war an einem Sonntagmorgen im Gottesdienst. Die Lektorin musste so richtig husten, und, Sie kennen das, sobald man es unterdrückt, dauert es länger und wird immer schlimmer. Als sie dann kollektierte und das Körbchen am Ende der Bank wieder bei ihr ankam, nickte ihr ein Gemeindemitglied aufmunternd zu und wies mit dem Finger nach unten. Frau H. schaute an sich runter, konnte aber nichts Auffälliges entdecken. So ging es hin und her, bis Frau H. verstand – sie sollte nicht an sich nach unten, sondern ins Körbchen sehen. Und was fand sie darin, neben zu viel Hart- und zu wenig Papiergeld? – Ein Hustenbonbon! Kleine Geste, große Wirkung! Und die Wirkung ist nicht nur eine für den Hals, sondern auch eine fürs Herz.

„Zögere nicht, einen Kranken zu besuchen, denn dafür wirst du von ihm geliebt!" Jesus Sirach 7,35

„Darf's ein bisschen mehr sein?"

Der Satz scheint in unserer Kirche Programm zu sein. Es gibt nicht eine, sondern drei Emporen, der Jesus auf den Kreuzwegstationen hat meist sechs, statt fünf Zehen und jetzt ist mir noch etwas aufgefallen: Bei der Weihe einer neuen Kirche wird der Bau an zwölf Stellen gesalbt. Dort sind auf den Wänden oder Säulen Kreuze gezeichnet, die an die zwölf Apostel erinnern. Über den zwölf Kreuzen sind die zwölf Apostelleuchter angebracht. Normalerweise! Aber nicht in unserer Kirche! Heilig Kreuz hat nicht zwölf, sondern wie viele Apostelleuchter? Nicht 13, nicht 14, nicht 15, sondern sage und schreibe 16! Selbst wenn wir Judas mitzählen und Matthias, der für Judas nachgewählt wurde, und sogar noch Paulus, dann bleiben immer noch zwei Namen frei. Die Zwölferzahl ist eine grundlegende und unaufgebbare, aber es gibt darüber hinaus Männer und Frauen, die im Sinne der zwölf Apostel Grundlagenarbeit geleistet haben für den Glauben an Jesus Christus. Nehmen wir es nicht ganz so genau und jede/r darf sich noch vier weitere Apostel/innen denken, für die die Kerzen in unserer Heilig-Kreuz-Kirche an Hochfesten entzündet werden.

„Ihr seid auf das Fundament der Apostel und Propheten gebaut; der Eckstein ist Christus Jesus selbst."
Epheser 2,20

Die tägliche Entscheidung

Wer heutzutage seine Wohnung verlässt, der wird mit großer Wahrscheinlichkeit auf bettelnde Menschen treffen. Sie sitzen oder knien vor Geschäften und Kirchen. Niemand wird dies ohne Not tun. Dennoch blitzt oft unwillkürlich die Frage auf, ob es keine andere Möglichkeit für diese Menschen gibt, ihren Lebensunterhalt zu bestreiten, und ob vielleicht der „falsche" Mensch etwas bekommt und was der damit macht? Doch dann fällt mir ein, dass auch ich nicht immer nur bekomme, was ich verdiene, sondern oft unverdient viel mehr, und auch ich habe nicht nur genug für das Nötigste, sondern auch etwas für den Überfluss. Ein Patensohn, er muss sich sein Studium z.T. verdienen, hat mich durch sein Verhalten zum Nachdenken gebracht. Er könne nicht allen

Menschen helfen, habe sich aber entschieden, einem bestimmten Bettler einen kleinen Betrag zu geben, wenn er ihn sehe. Durch dieses Verhalten hat er sich die tägliche Entscheidung abgenommen, wer etwas bekommen soll, ein Zögern, durch das am Ende zu oft niemand etwas bekam. Und noch etwas: Ich kann verstehen, wenn Menschen in solchen Lebenslagen einen Hund haben, ist dieses Tier für sie doch oft bei Tag und Nacht eine wichtige Bezugsperson. Ja, auch Hundefutter kann manchen Menschen helfen.

„Hütet euch, eure Gerechtigkeit vor den Menschen zu tun, um von ihnen gesehen zu werden." Matthäus 6,1

Betriebsklima

Bei einem Trauerbesuch erzählte der Witwer von den letzten Tagen seiner Frau. Sie wollte zu Hause sterben und der einzige Sohn hätte bei der Pflege geholfen. Dieser jedoch arbeitet und wohnt nicht in Köln, sondern in Frankfurt. Vor der Beisetzung lernte ich den Sohn persönlich kennen und sprach das Engagement für seine Eltern an. Was ich dann zu hören bekam, übertraf die kühnsten Vorstellungen. Sein Arbeitgeber habe ihm gesagt, er könne sich ohnehin jetzt nicht auf seine Arbeit konzentrieren, er solle sich um seine Mutter kümmern, deren Tod zu erwarten war, und dann zurückkommen. Was für ein Arbeitgeber! Doch es kommt noch besser.

Als ich meinte, er habe sich ein solches Verhalten sicher auch durch einen vorbildlichen Arbeitseinsatz verdient, sagte er, er sei erst zwei Monate bei dieser Firma. Fragen Sie sich jetzt doch einmal, ob Ihr Arbeitgeber so reagieren würde? Voraussetzung ist natürlich, er hat die Möglichkeiten und es handelt sich nicht um ein kleines Unternehmen. Der Arbeitgeber dieses Mannes war eine schweizerische Unternehmensberatung, und der Sohn blieb nach der Beerdigung noch eine Woche bei seinem Vater. Was für ein Sohn, aber auch was für eine Firma!

„Tut eure Arbeit gern, als wäre sie für den Herrn und nicht für Menschen." Kolosser 3,23

Alles zu seiner Zeit

Wenn Lebkuchen und Dominosteine nicht schon im September in den Auslagen der Geschäfte landen würden, würde es mich freuen, aber ich werde auch ansonsten nicht gleich zum Kulturpessimisten und habe mich schon lange entschieden, nicht vor dem 1. Advent zuzugreifen. Auch mache ich dem Handel keinen Vorwurf, denn Angebot und Nachfrage regeln das Geschäft. Ersteres kann Zweiteres hervorrufen, aber wenn dem Ruf nicht Folge geleistet würde, käme die Ware im kommenden Jahr nicht schon so früh in den Handel.
Was mich immer wieder erstaunt, sind die Klagen seitens der Kirchen und Gemeinden, übrigens in ökumeni-

scher Eintracht: der Advent würde um seine Bedeutung gebracht, er sei eine Zeit der Erwartung, die Menschen könnten heute nicht mehr verzichten und abwarten, die Geschäftsleute sollten das Interesse erst gar nicht wecken usw. Allen Argumenten kann ich etwas abgewinnen. Was mich dann jedoch nicht selten erstaunt und, ich gebe es zu, auch ärgert, ist, dass diese Kirchen und Gemeinden oft nicht anders verfahren als der Handel, wenn der Advent erst einmal da ist. Achten Sie einmal darauf, in wie vielen Gemeinden dann zu Weihnachtsfeiern und Weihnachtskonzerten eingeladen wird. Da wird die Stille des Adventes von der „Stillen und heiligen Nacht" übertönt, da wird „Zu Bethlehem geboren" und da „Kommen die Hirten". Schon der „Stern über Bethlehem" kommt fünf Wochen zu früh, und die Mahnung, dem Advent seine Bedeutung nicht zu nehmen, geht unter den Trompeten des „Jauchzet, frohlocket" ungehört unter. Der Handel muss sich nicht an das Kirchenjahr halten. Die Kunden zu bevormunden, ist immer ein schwieriges Unterfangen. Wenn jedoch die, die es wissen könnten, sich selber nicht daran halten, dann sollten sie auch den Mund halten. Großzügigkeit ist angebracht im Urteil und Umgang mit den anderen, nicht mit sich selbst. Und auch wenn das von Jesus nicht so gemeint war: „Nicht das, was durch den Mund in den Menschen hineinkommt (Dominosteine im September), macht ihn unrein, sondern was aus dem Mund des Menschen herauskommt (Weihnachtslieder in Kirchen im Advent), das macht ihn unrein" Mt 15,11. Am Advent freue ich mich, wenn er dann da ist. Seine Zeit warte ich ab bis zur Heiligen Nacht. Und wenn dann die Drei Könige ihren

147

Dienst verrichtet haben, dann warte ich schon auf das Dreigestirn. Alles zu seiner Zeit.

„Als Kinder des Gehorsams gebt euch nicht den Begierden hin, wie früher in eurer Unwissenheit." 1 Petrus 1,14

Die gute Absicht zählt

Das kennt jeder: Man hat etwas mit guter Absicht getan, ein Fehler ist unterlaufen und man bekommt ein Donnerwetter zu hören! Doch es geht auch anders. Dazu ein Beispiel: Die Gemeindemitglieder, die 80 bzw. 90 Jahre alt werden, bekommen ein Schreiben von der Gemeinde, das alle pastoralen Mitarbeiter/innen und die Vorsitzende des Pfarrgemeinderates unterschrieben haben. Meist schaffe ich es, zum Geburtstag dieses Schreiben persönlich zu bringen. Was ich anscheinend nicht immer schaffe, ist, das richtige Schreiben zu bringen. So hörte ich von einer Tochter, dass die Mutter zum 80. Geburtstag einen Glückwunsch zum 90. bekommen habe. Aber ich hatte den Eindruck, dass nur mir das peinlich war und dass das Geburtstagskind sich dennoch gefreut hat. Das ist schön, wenn wir einander die gute Absicht unterstellen!

„Denn ehrenvolles Alter besteht nicht in einem langen Leben und wird nicht an der Zahl der Jahre gemessen."
Weisheit 4,8

Einander herzlich begegnen

In unserer Gemeinde wohnt das Ehepaar A., das wegen des Krieges auf dem Balkan hier Asyl gefunden hat. Der Bruder von Frau A. wurde vor wenigen Monaten zum Priester geweiht und kommt zu Besuch nach Albachten. Wir haben daher die Freude, dass er am kommenden Sonntag mit uns um zehn Uhr eine heilige Messe feiert und im Anschluss daran den Primizsegen spendet. Die Sprache wird zwar ein Hindernis sein, denn er spricht statt deutsch „nur" albanisch, englisch und italienisch, doch wenn wir uns herzlich begegnen, können wir diese Hürde mit Leichtigkeit nehmen. Das glaube ich übrigens auch im Hinblick auf das Asylantenheim, das in diesem Jahr bezugsfertig wird.

„Die ganze Erde hatte eine Sprache und ein und dieselben Worte." Genesis 11,1

Raum für persönliche Formen des Glaubens

Ich freue mich, wenn ich in unserer Gemeinde vielfältige Formen des persönlichen Glaubens im Gottesdienst und in der Kirche entdecke. Viele knien in der Messe, andere beten lieber stehend, manche berühren gerne Figuren und Bilder, andere freuen sich, wenn in der Fastenzeit das große Tuch den Chorraum verhängt.

Da kommt ein junger Vater zu spät zur Messe, bleibt aber erst hinten stehen, zündet eine Kerze an, betet und geht dann weiter. Andere verlassen zügig die Kirche und immer mehr bleiben stehen und reden miteinander. Am meisten freue ich mich, dass niemand für sich reklamiert, die Wahrheit gepachtet zu haben. Leben wir in Gemeinschaft unseren Glauben und geben ihm unseren individuellen Ausdruck!

„Von dir kommt mein Lobpreis in großer Versammlung ..."
Psalm 22,26

Selig sind, die Humor haben, denn ihnen lacht das Leben zu

Lebemeister statt Lehrmeister

Ich habe noch drei Geschwister; unser Vater ist inzwischen 90 Jahre alt und ein relativ pflegeleichter Pflegefall mit wachsender Demenz. Bei einem Besuch zu Hause – wir wohnen alle doch weiter weg – sprach mein Bruder davon, dass er in elf Jahren in Rente gehe. Die spontane Bemerkung unseres Vaters darauf: „Dann kommst du uns aber öfter besuchen!" Es gab ein großes Gelächter. Da könnte man hinter der Bemerkung zunächst einen ungebrochenen Lebenswillen vermuten, aber so ist es eigentlich gar nicht. Lebenswillen hat unser Vater, jedoch bezieht der sich immer weniger auf das diesseitige Leben. Als es ihm schlechter ging, hat er sich schon einmal von seinen Enkelkindern verabschiedet, und auch jetzt machen es beide Eltern uns vor, wie man im Alter von der eigenen Sterblichkeit sprechen kann, ohne die Lebensfreude dabei zu verlieren. Lehrmeister haben wir viele, was wir brauchen, sind Lebemeister.

„So ist das Gesetz unser Lehrmeister auf Christus hin geworden, damit wir aus dem Glauben gerecht gemacht werden." Galater 3,24

Bewegung und Begegnung

Bei einem Spaziergang um den Aasee traf ich einen pensionierten Pfarrer. Er war sportlich flott mit dem Rad unterwegs. Wir blieben stehen und sprachen über dies und das. Auf sein sportliches Outfit angesprochen, erwiderte er, dass ihm eine Dame zum Abschied aus der Gemeinde einen Rat mitgegeben habe: „Herr Pastor, in unserem Alter müssen wir auf zwei Dinge achten: Bewegung und Begegnung!", wobei es eher klang nach: „Bewechung und Bechechnung", so wie es in Westfalen halt klingt. Solche Sätze sind oft so knapp und pointiert, dass man es besser nicht sagen kann. Ähnlich bringt es die Aussage eines alten Menschen auf die Frage, was er sich für sein weiteres Alter wünsche, auf den Punkt: „Oben Licht, unten dicht!"

„Alle Lebewesen altern wie ein Kleidungsstück, denn die Bestimmung lautet seit Ewigkeit: Sterben wirst du." Jesus Sirach 14,17

Die heilige Zahnfee

Meine Schwägerin gibt an einer Grundschule den katholischen Kindern nebenamtlich Religionsunterricht. Mit den Kindern hatte sie auch den Dom besichtigt. Vor den Sommerferien war nun die ganze Klasse im Dom und die katholischen Kinder sollten den anderen erklären, was man alles dort sehen kann. So stand die Gruppe auch vor der Figur der heiligen Appolonia, die in der Hand eine Zange mit einem Zahn hält als Hinweis auf ihr Martyrium. Als ein Kind dies gerade erklären wollte, rief ein Junge dazwischen: „Die Figur kenne ich! Das ist die Zahnfee!" Es gibt Aussagen, die sind zwar falsch, aber entwaffnend lustig, und ich glaube, dass ich daran denke, sooft ich die hl. Appolonia sehen werde – und das ist hoffentlich öfter als meinen Zahnarzt.

„Lach nicht mit ihm, damit du mit ihm nicht Kummer erfährst, denn zuletzt wirst du schmerzvoll mit deinen Zähnen knirschen!" Jesus Sirach 30,10

Kindermund

Familienmesse am Sonntagmorgen: Viele Kinder drängen sich um den Altar. Zum Friedensgruß reichen sich alle die Hände. Drei Jungs (Kommunionkinder) kommen und ich kann schon sehen, dass die was ausgeheckt haben. F. streckt mir die Hand hin und sagt statt: „Der Friede sei mit dir" – „Frau Friese sei mit dir". Dazu muss man wissen, dass Frau Friese seine Schulleiterin ist. Später beim Neujahrsempfang kommt ein anderer Junge im dichten Gedränge, stellt sich vor mich und fragt: „Na, alles klar bei dir?" Ich bin kurz sprachlos, bejahe dann – und er sagt: „Bei mir auch!", und verschwindet im Gedränge.

Wenn ich schon keine Kinder habe, ich finde es wunderbar, dass andere welche haben.

„... seine Nachkommen werden zum Segen." Psalm 37,26

Vorurteile oder verurteilt?

Frau K. gehört zu den Damen der Gemeinde, die uns den wunderschönen Blumenschmuck in der Kirche bescheren. Dabei wird selbiger nicht nur vor dem Wochenende gekauft und gesteckt, sondern er wird auch im Verlauf der Woche gegossen und überholt. Bei einem solchen „Kontrollgang" bemerkte Frau K. einen Mann, der sich am Opferstock der Kerzen zu schaffen machte. „Was soll ich tun?", war ihr Gedanke. „Spreche ich ihn an, wird er vielleicht handgreiflich." Doch dann kam eine weitere Person in die Kirche und jetzt hatte sie Mut, ging hin und sprach ihn an. Der Herr am Opferstock hatte einen Schraubenzieher in der Hand und jetzt denken Sie sicher wie ich, um den Opferstock aufzubrechen. Doch falsch! Laut seiner Aussage war eine Schraube locker und er wollte sie nur wieder festdrehen. Sehen Sie, so kann man sich täuschen! Schaut man jedoch genauer hin, wird man feststellen, dass es gar keine Schrauben am Opferstock gibt. Was sagt man dazu? Vielleicht hatte der Mann sich ja auch nur vertan und er meinte eine andere Schraube, die locker war.

„Da kam auch eine arme Witwe und warf zwei kleine Münzen in den Opferkasten." Markus 12,42

Der Zeit Zeit lassen

Auf einen Hinweis aus der Gemeinde besuchte ich einen sehr betagten Herrn. Es war eine Begegnung, bei der zwei sich sofort verstanden und nicht lange um den heißen Brei geredet wurde. So sagte er, dass er am Abend auch schon mal bete: „Mach es bald und mach es gut." Ich wusste sofort, worauf er damit anspielte. Nach einer Weile sagte er dann, ich solle das aber nicht weitererzählen. Ich meinte daraufhin, das könnte ich doch gut bei seiner Beerdigung anbringen. Darauf dachte er kurz nach und sagte dann: „Ach, wissen Sie, ich habe es mir gerade überlegt, wir warten damit noch ein bisschen" und der Schalk von über 90 Jahren Lebenserfahrung und Lebensfreude schaute mich dabei an. Solche alten Menschen sind ein wahres Geschenk für die Gesellschaft.

„Stelle dich in die Schar der Ältesten!" Jesus Sirach 6,34

Ja, ja, das schlechte Gewissen

Ich radelte die Wienburgstraße Richtung Ring auf dem Weg zum Kindergarten St. Bonifatius. Vorschriftsmäßig überquerte ich den Ring an der Ampel und wollte dann unvorschriftsmäßig auf der falschen Bürgersteigseite die hundert Meter bis zum Kindergarten fahren. Doch dann sah ich einen Polizisten entgegenkommen, stieg elegant ab, rollte auf dem Pedal stehend aus und lief neben dem Rad her. Als ich auf seiner Höhe angekommen war, raunte er mir zu: „Herr Pastor, Sie sollen auch dann nicht auf der falschen Seite fahren, wenn ich nicht da bin!" Er hatte natürlich vollkommen recht, aber ich kenne mich schon viele Jahre und weiß, dass ein Gesetzeshüter in persona ein wichtiges Argument ist bei der Einhaltung der Regeln. Sobald ich im Rückspiegel einen Polizeiwagen sehe, gilt der erste Blick dem Tacho, selbst wenn ich garantiert nicht zu schnell fahre. Und wenn Menschen erfahren, dass ich Priester bin, dann meinen auch fast alle, sie müssten sich rechtfertigen, warum sie nicht am Sonntag in die Kirche gehen. Tja, so sind wir Menschen. Ein Versprechen habe ich dem Polizisten aber dennoch nicht gegeben. Warum? Ich kenne mich!

„Ja, ich habe alle seine Entscheide vor mir, von seinen Satzungen weiche ich nicht ab." 2 Samuel 22,23

Bevor es lächerlich wird

In Deutschland gibt es 64 Simultankirchen. Dabei handelt es sich um Kirchen, die von der evangelischen und der katholischen Kirche gemeinsam genutzt werden. Die gemeinsame Nutzung kann sich beziehen auf unterschiedliche Teile des Raumes oder abgesprochene Zeiten. Über 40 Prozent dieser Kirchen befinden sich in Rheinland-Pfalz. Eine ist in Sachsen. Bei dieser handelt es sich um den St. Petri-Dom in Bautzen, der die älteste (seit 1524) und größte Simultankirche Deutschlands ist. Der östliche Teil ist katholisch, der westliche evangelisch, optisch getrennt sind sie inzwischen nur noch durch eine kleine Balustrade. Dieses Jahr schickte der katholische Pfarrer seinem evangelischen Mitbruder eine Rechnung über den verbrauchten Weihrauch, denn dessen Duft würde ja auch von Evangelischen eingeatmet. In seiner Not wandte sich der evangelische Pfarrer an die Kirchenleitung in Dresden, wo man nach einer Lösung des „Problems" suchte. Wer aufs Datum geachtet hätte, dem wäre die Lösung „Lachen" schnell eingefallen, datierte der Brief doch auf den 1. April. Vielleicht wären Simultankirchen an einigen Stellen eine gute Lösung für so manches bauliche und finanzielle kirchliche Problem. Manchmal hilft auch einfach lachen, besonders bevor eine Sache lächerlich wird.

„Er, der im Himmel thront, lacht ..." Psalm 2,4

Begegnung mit „dem Schwarzen"

Supermarkt in Albachten, ich stehe in der Schlange an der Kasse, ein Herr gibt einen großen Geldschein und sagt, es tue ihm leid, aber eigentlich tue es ihm nicht leid und er hätte gelogen. Darauf sagt die Kassiererin, dass er das wohl beichten müsse. Der Herr weist mit dem Daumen über seine Schulter in Richtung Kirche und

sagt: „Der Schwarze beichtet doch auch nicht!" – Pause
– Schweigen in der Schlange – alle sehen mich an – und
ich sage: „Doch, der Schwarze geht beichten, jeden Monat!" Frage des Herrn: „Woher wollen denn Sie das wissen?" Antwort: „Ich bin ‚der Schwarze'!" – Schweigen –
Gelächter in der Schlange – der Herr packt seine Sachen
draußen ins Auto. Er kommt noch einmal zurück und wir
unterhalten uns ganz freundlich und gut. Ich liebe es, in
Albachten einkaufen zu gehen. Es passiert immer so viel.

„Geh weg von mir; denn ich bin ein sündiger Mensch,
Herr!" Lukas 5,8

Ist der Pastor schon wieder weg?

Wie viele Urlaubstage hat eigentlich ein Priester? Und
hat er eine Fünf-, Sechs- oder Siebentagewoche? Zählen die Exerzitien in jedem Jahr zum Urlaub? Und wie
ist es mit der jährlichen Fortbildung? Es gibt vermut-
lich so viele Regelungen, wie es Priester gibt. Und dann
gibt es ja auch noch die Gemeindemitglieder, die sich
ebenfalls fast alle zu diesem Thema äußern – nur kaum
direkt dem Pastor gegenüber! Nachdem ich doch „schon"
über zwei Wochenenden während der Sommerferien weg
war, kam ein Wochenende im November dazu. Folgende
Kommentare erreichten mich: „Pastor war schon wieder
weg!" – „Pastor war weg, aber das Auto war in der Garage." – „Pastor war weg, aber das Licht im Haus war

an." – Sie sehen, alles wird ausführlich wahrgenommen. Um so erstaunlicher, dass sich dennoch im letzten Jahr Einbrecher Zutritt zum Haus verschafften, ohne gesehen zu werden. Ich ziehe aus diesen Kommentaren natürlich auch eigene Schlüsse. Einer lautet: Solange die Menschen noch sagen „Pastor war schon wieder weg" kann ich gut damit leben. Erst wenn es heißt „Gott sei Dank, Pastor ist schon wieder weg" sollte ich mir ernsthaft Gedanken machen.

„Und Gott segnete den siebten Tag und heiligte ihn; denn an ihm ruhte Gott, nachdem er das ganze Werk erschaffen hatte." Genesis 2,3

Die Jagd nach dem Besseren

Im Pfarrhausgarten gibt es wieder Leben. Zwei weiße und zwei braune Hühner mit schönen Namen aus der Politik und Literatur gackern, scharren und rennen durchs Gehege. Gefüttert werden sie mit Körnern und Legemehl – und mit den Lebensmittelresten, die sonst so im Haushalt anfallen oder schon mal älter sind. Letztere zu verfüttern, ist immer eine besondere Sache. Die Hühner freuen sich über die Abwechslung und ich werfe die Sachen quer durchs Gehege. Dabei zeigen die Hühner eine besondere Verhaltensweise: Sie rennen dem geworfenen Stück nach, ein Huhn ergattert es, doch sobald es ein weiteres Stück fliegen sieht, lässt es das eine fallen und rennt dem anderen nach. Ich entdecke darin eine höchst menschliche Verhaltensweise: Egal was ich habe, es könnte ja sein, dass jemand anderes etwas Besseres bekommt. Also lässt man das eine fallen, um die Chance auf das andere nicht zu verpassen, und nicht selten geht man am Ende ganz leer aus. Vielleicht ist es aber nicht nur eine menschliche, sondern eine instinktive Verhaltensweise. Menschlich ist nur das anschließende Jammern darüber. Die größte Freude machen die Hühner jedoch mit ihren prächtigen Eiern, die jedes Mal laut begackert werden, und ich kann hören, dass zumindest eine „runde Sache" an diesem Tag im Pfarrhaus schon geschafft wurde.

„Oder welcher Vater unter euch, den der Sohn um einen Fisch bittet, gibt ihm statt eines Fisches eine Schlange, oder einen Skorpion, wenn er um ein Ei bittet?"
Lukas 11,11-12